ERA PRA SER UM ANO SABÁTICO

PAULA PEREIRA

ERA PRA SER UM ANO SABÁTICO

CRÔNICAS DE UMA BRASILEIRA NA UCRÂNIA

Labrador

Coordenação editorial Pamela J. Oliveira
Assistência editorial Leticia Oliveira, Vanessa Nagayoshi
Projeto gráfico Amanda Chagas, Marina Fodra
Diagramação Emily Macedo
Capa Renata Vidal
Preparação de texto Ligia Alves
Revisão Lívia Lisbôa

Dados Internacionais de Catalogação na Publicação (CIP)
Jéssica de Oliveira Molinari - CRB-8/9852

Pereira, Paula
Era pra ser um ano sabático : crônicas de uma brasileira na Ucrânia / Paula Pereira.
São Paulo : Labrador, 2024.
208 p.

ISBN 978-65-5625-697-9

1. Crônicas brasileiras 2. Ucrânia – Crônicas I. Título

24-4101 CDD B869.3

Índice para catálogo sistemático:
1. Crônicas brasileiras

Labrador
Diretor-geral Daniel Pinsky
Rua Dr. José Elias, 520, sala 1
Alto da Lapa | 05083-030 | São Paulo | SP
editoralabrador.com.br | (11) 3641-7446
contato@editoralabrador.com.br

Ao meu grande companheiro Sergei, que sempre me motiva a transformar sonhos em metas e cujo amor preenche minha vida com aventuras, desafios e muitos aprendizados. Mesmo quando não houver um amanhã, você sabe que "tudo valeu a pena".

À minha admirável mãe, cujo cuidado se manifesta até no seu presente silêncio e que sempre respeitou minhas decisões.

Em memória do meu pai, um verdadeiro escritor da vida, para quem as palavras foram sempre carregadas de amor e afeto.

AGRADECIMENTOS

A ideia de transformar as crônicas em um livro surgiu do incentivo de amigos que acompanham minha jornada, se sensibilizaram com minhas palavras e me motivaram a compartilhar essas experiências com mais pessoas.

Meu sincero obrigada aos amigos Giovanna, Bruna, Violeta, Jansen e Kelly.

Um agradecimento especial ao meu psicoterapeuta, Guga Menga, por seu apoio precioso. Sua orientação me ajudou a enfrentar períodos adversos de extrema ansiedade e também me permitiu refletir sobre minha própria personalidade. Encontrei minha voz e força nos momentos mais difíceis com sua ajuda.

A todos vocês, minha mais profunda gratidão.

SUMÁRIO

RESISTÊNCIA

PREFÁCIO

Na nossa primeira conversa, Paula trazia angústias tão cotidianas que eu tranquilamente levantava a hipótese de "mais uma demanda de ansiedade". Afinal, o mundo está acometido por uma onda de ansiedade sem precedentes. Índices, dados e estudos exigindo a atenção de todos nós, especialistas, e de toda a população, já que tal fenômeno transcende os consultórios e salas de psicoterapia. Iniciamos o processo e, como normalmente acontece em uma parceria psicoterapêutica, cada um traz um pouco (ou muito) de si. Eu traria a técnica e o conhecimento adequados, e, ela, as suas vivências e o conhecimento prático de si mesma. Hoje posso dizer que Paula trouxe muito mais do que isso.

Acompanhei de forma privilegiada sua jornada rumo a um novo país e aos desafios de uma nova cultura sendo uma imigrante brasileira. Mais do que isso, eu pude alcançar o privilégio de ter todo esse processo narrado por ela, que, como vocês verão nesse livro, traduz a vida de forma ímpar. Para além do vocabulário perfeito e da organização coerente das palavras, Paula tem uma habilidade de traduzir suas vivências de forma envolvente e bem-humorada. Mesmo quando seu desafio em questão deixava de ser suas guerras particulares para ser a descrição de um dos confrontos bélicos mais noticiados na atualidade e de mais tensão no último século.

A cada sessão, ela, sem saber, me levava a uma viagem de detalhes e descrição afiada que me permitia alcançar nuances de uma vivência da qual apenas ela poderia ser testemunha. Mas foi pela sua habilidade como jornalista, mestre em divulgação científica e artista que eu pude conduzir meu trabalho e auxiliá-la nos primeiros meses de adaptação nesse novo mundo.

O casamento, a família do noivo, a cultura europeia, os desafios do idioma e os costumes diversos foram sendo narrados e descritos em prol de um único objetivo: ser feliz. Sim, parece clichê, mas era e é esse o grande objetivo dela: ser feliz! Experimentar uma nova carreira, fazer elos e vínculos, trabalhar a saudade e as angústias eram temas recorrentes e adjacentes a esse propósito rumo à felicidade, mas, mais uma vez, trazidos por uma incrível habilidade de "contar histórias".

E então que, tendo escrito suas próprias vivências e percepções como um lindo e corajoso exercício de olhar para si, bem como um hábito que sempre a acompanhou, Paula decide publicar suas crônicas em um livro intitulado *Era pra ser um ano sabático: crônicas de uma brasileira na Ucrânia*. Lembro do momento em que essa decisão havia sido tomada. Foi difícil não me entusiasmar e esboçar um sorriso como quem diz: "não poderia existir ideia melhor nesse momento".

Eu facilmente entendi que seria e será um presente, para todas as pessoas, a possibilidade de ter consigo o compartilhamento dessas vivências da forma fluida e energizante que a autora costura suas palavras. Antes, durante e depois da guerra são marcos apenas didáticos para que você, leitor, possa navegar em vivências que são dela, mas que poderiam ser suas.

Por vezes, no meu íntimo, me vi forçado a pensar em "como eu agiria se eu fosse ela" e acredito que cada um que for agraciado por essa leitura, irá ser convidado(a) a fazer o mesmo, e encontrar em si mesmo(a) as ferramentas para simular suas próprias estratégias de enfrentamento. Tal qual Paula fez, mas na vida real e de forma totalmente prática.

Ao ler esse livro você não só conhecerá a autora, também entenderá melhor como um imigrante constrói sua vida em território desconhecido, conhecerá um pouco mais desse país (Ucrânia) cheio de afeto e, claro, acompanhará com a respiração em pausa como é viver dentro de um conflito armado. Seja esse conflito a guerra entre nações ou a guerra dentro de nós mesmos.

Guga Menga
Psicólogo

ERA PRA SER UM ANO SABÁTICO...

A oportunidade surgiu quando Sergei, meu marido ucraniano, recebeu a proposta de trabalhar remotamente para uma empresa da China. Para conciliar o horário da jornada de trabalho com a equipe de lá, tomamos a decisão de ficar pelo menos um ano na Ucrânia, onde a diferença de fuso horário é menor.

Parecia um sonho: eu já havia terminado o mestrado, ainda não tínhamos filhos e sempre tive curiosidade em saber como era a vida em outro país. Viver na Ucrânia permitiria me aproximar da família e amigos do meu esposo, aprender um novo idioma e conhecer vários lugares e sabores de uma terra tão distante e distinta da minha. O que podia acontecer de errado?

Eu não era mais uma adolescente desbravadora, dessas que alegremente põem uma mochila nas costas e embarcam para a grande aventura de um intercâmbio no exterior. Eu faria essa viagem sozinha, em plena pandemia e no auge de mais uma fase de transtorno de ansiedade. Sergei havia partido dois meses antes para iniciar o trabalho prontamente e organizar as coisas até a minha chegada. Em outubro de 2020 eu parti, carregando uma mala enorme de medos, pesadelos, remédios e inseguranças. De alguma forma, fui assim mesmo.

O primeiro ano em Odessa, no Sul do país, foi um ano de desafios e descobertas. Eu sabia que, para desfrutar essa nova fase da vida, precisava aprender a lidar com os sintomas de ansiedade que tanto me deixavam insegura até mesmo para as coisas mais simples do dia a dia, como sair do prédio sozinha. A terapia, o tratamento e o novo círculo de amizades foram cruciais para me ajudar a me sentir “em casa”.

Finalmente eu estava desfrutando uma nova vida, bem longe da minha terra natal Jundiaí, no interior de São Paulo. Além disso, o custo de vida mais baixo no país europeu também permitiu que eu vivenciasse várias experiências novas: participei de uma aula de culinária georgiana, fiz aula de cerâmica, patinei no gelo pela primeira vez e, aos 35 anos, como uma provocação à autoestima, resolvi fazer um ensaio fotográfico de presente para mim mesma. Eu mal podia acreditar que meses mais tarde estaria sendo convidada para trabalhar como modelo para fotos de bancos de imagens. Eu achava aquilo um barato!

Sergei e eu resolvemos ficar mais um ano antes de retornar ao Brasil. A vida ia bem, eu me sentia bem-vinda nos lugares que frequentava, já não precisava mais tomar medicamentos para a ansiedade e a terapia me ajudava a manter as emoções, medos e frustrações sob controle. No entanto, o que era para ser um segundo ano de mais explorações e descobertas começou a mudar quando, no final de 2021, surgiram rumores de que a Rússia invadiria a Ucrânia. A mídia internacional dava como certo o início de um conflito, e várias embaixadas solicitaram que seus cidadãos deixassem o país.

A nossa vivência, porém, diretamente em solo ucraniano, não compartilhava do mesmo clima de tensão reportado nos noticiários. Sergei e eu desacreditávamos que uma guerra pudesse acontecer. Erramos. Na manhã de 24 de fevereiro de 2022, acordamos ao som de explosões e sabíamos o que isso significava. O que aconteceu após esse dia foi uma completa transformação das nossas experiências de vida, mas isso eu conto para você mais adiante.

Este livro está organizado em três partes, representadas por diferentes momentos da minha vida na Ucrânia. Algumas crônicas já foram, inclusive, publicadas no meu blog *Vida em Prosa*, porém aqui você encontrará relatos inéditos referentes às minhas experiências mais recentes vividas no país.

A primeira parte, "Surpresa", é composta por crônicas escritas em 2019, quando estive na Ucrânia no período de férias. Elas descrevem as pequenas dificuldades e as grandes surpresas resultantes das primeiras interações na cidade de Odessa.

A segunda parte, "Ousadia", trata do início daquele "ano sabático" em plena pandemia. As crônicas, escritas entre 2020 e 2021, refletem sobre os obstáculos na comunicação e sobre eventos que impactaram profundamente minha autoestima.

A terceira e última, "Resistência", mostra a grande reviravolta em relação ao que deveria ter sido um retorno feliz ao Brasil. Era o início da guerra; as crônicas descrevem como ela afetou nossa realidade, nos forçou a repensar nossos planos, nos privou de certas liberdades e tornou mais frequentes os desafios e os momentos de medo e de insegurança, mas também nos fez dar ainda mais valor aos nossos sonhos, às nossas relações e à nossa capacidade de resistir.

SURPRESA

ANSIEDADE: SAIR DE CASA

Verão na Europa oriental. Cá estamos em Odessa, na Ucrânia, onde nasceu meu marido. É a primeira vez que venho pra cá nessa estação. Vou lhe dizer, tem sido uma experiência totalmente nova e incrível. Finalmente dá gosto sair, caminhar de mãos dadas pelas largas calçadas do centro da cidade, ver os jardins floridos, os inúmeros gatinhos de rua relaxando nos cantos mais sossegados, os prédios históricos e as pessoas se entretendo nas ruas e nos restaurantes. Pôr do sol? Só às 21 horas. Uma maravilha!

Mas quando queria sair sozinha para conhecer a cidade... toda a certeza que eu tinha sobre o lugar desaparecia. *Sergei está trabalhando a maior parte do dia, e, mesmo gastando meu tempo com as tarefas da casa e algumas leituras, me faz falta sentir na pele o sol que bate nas janelas.*

Hora de sair. Dar uma volta. Fazer aquela coisa que a gente faz quando está conhecendo um lugar novo: passear pela praça, tirar fotos dos lugares mais interessantes, visitar as lojinhas e quem sabe tomar um café num lugar bacana.

Só que, entre me arrumar, pegar minha bolsa e sair, rolou todo um planejamento e imaginação sobre como essas coisas aconteceriam. Estúpidas expectativas. E, ao invés de vê-las acontecendo da maneira mais simples e divertida possível, eu entrei em um *loop* de pensamentos negativos. Essa sequência "errada" funciona assim: você relembra alguns detalhes reais de como as coisas são (ou podem ser) e depois se imagina fazendo tudo errado ao redor delas.

Por exemplo: a porta do prédio está meio emperrada. O pensamento errado: *E se eu descer até o térreo e não conseguir abrir a porta com um empurrão? E se alguém presenciar essa cena vexatória e eu não conseguir nem pedir ajuda em russo? Será que vou ter que chamar o Sergei para abrir a porta pra mim? E se eu sair e depois não conseguir entrar? Que vergonha!*

Nem todas as ruas têm faixa para pedestres, e pode ser um pouco confuso saber quando você pode atravessar a rua com segurança ou não. O pensamento errado: *E se eu for atropelada? E se eu atravessar a rua na hora errada e buzinarem pra mim? Que vergonha! Já sei, só vou atravessar a rua quando alguém mais também estiver atravessando!*

O cartão de crédito não é meu, é do meu esposo. O pensamento errado: *E se na hora de pagar pelo café alguém desconfiar de que o cartão é roubado porque não está no meu nome? Como vou argumentar qualquer coisa?*

Eu tenho uma nota de 200 hryvnias na bolsa, e espera-se que os 10% sempre sejam pagos ao garçom. O pensamento errado: *E se eu precisar pagar a gorjeta sem ter nenhum trocado em notas menores? Vou embora sem pagar a gorjeta? Outra vergonha!* Sergei bem que me aconselhou: "Consuma algo em torno de 180 hryvnias e pague com a nota de 200 que você tem". Simples assim.

Horrível! Como eu ia conseguir sair de casa com todas essas possibilidades "vergonhosas" na cabeça? Era mais fácil eu me ocupar lendo um livro em casa até a hora em que Sergei terminasse de trabalhar para sairmos juntos. Eu podia esperar, mas resolvi buscar o consolo de quem me conhece bem: minha mãe. Mandei mensagem pra ela dizendo que estava a fim de dar uma volta sozinha, só que aquela estúpida paranoia me proibia de sair de casa. Ela não podia ter respondido de forma mais simples:

—Vixi... —e só dois minutos depois continuou—dá uma saidinha curta pra treinar e perder o medo.

Simples e sensata, como sempre. Eu mesma poderia chegar a essa conclusão, mas conselho vindo de mãe soa diferente. Ousei dar ouvidos a ela. Respirei fundo e respeitei os limites que estabeleci para mim mesma. Eu não ia atravessar rua nenhuma, ia pegar um livro e tomar um café no último restaurante da quadra. Dito e feito, lá fui eu. Também segui o conselho do Sergei: consumi dois drinques (um *strawberry* negroni — bebida de morango com licor de laranja — e um café gelado com menta), que deu para pagar com a nota de 200 hryvnias sem precisar usar o cartão do marido e, melhor, com a gorjeta inclusa. Ufa!

Enquanto eu estava no restaurante Mario's, acredito que quem me via lá, sozinha, lendo um livro quase escondido embaixo da mesa, provavelmente via uma pessoa tensa. Eu queria me sentir relaxada, integrada, mas passei um bom tempo preocupada, imaginando o que as pessoas poderiam pensar a meu respeito. Na minha imaginação, tudo a meu respeito era estranho. Não sei por quê.

Eu podia ter passado uma hora inteira lá, me torturando enquanto fingia que fazia algo simples e normal, até que, de repente, comecei a ver as coisas com mais clareza e apreço. Parei minha leitura e avaliei o que estava acontecendo comigo e ao meu redor: lá estava eu, uma brasileira na Ucrânia, sentada no banco de um restaurante, tomando um drinque (doce e levemente alcoólico) e lendo um livro superútil sobre finanças. O sol bateu de leve nos meus braços, um gatinho de rua passou ao lado da minha mesa, arrancando um sorriso do meu rosto e, para completar, fui capaz de me comunicar com o garçom sem usar nem uma palavra sequer em inglês!! Só em russo. Ok. Foram só quatro frases, mas puxa! Eu consegui! Que momento lindo!

Me senti profundamente grata pela oportunidade de estar ali, naquele exato momento, naquele local e podendo admirar tudo à minha volta. Inclusive as minhas próprias ações!

Quando comecei a ouvir os áudios que havia recebido da minha amiga Giovanna pelo WhatsApp, fiquei ainda mais tranquila. Naquele espaço-tempo, ela era a única coisa que me fazia "sentir em casa" entre tantas coisas novas e diferentes. Era como se ela estivesse ali, comigo. Foi assim que percebi que não era mais uma mulher tensa e vergonhosa lendo um livro sozinha numa mesa de restaurante. Eu estava à vontade, compartilhando em áudio com minha amiga a "mega-aventura" de ler um livro no restaurante no fim da quadra. Uma pequena vitória: a ansiedade não me prendeu em casa naquele dia.

DIA DE SALÃO

Ser cacheada e querer cortar o cabelo na terra do cabelo liso parece uma loucura. Quem tem cabelo natural e crespo sabe o que estou dizendo. O atendimento ideal para o meu cabelo envolve muitos "nãos": *não* usar água muito quente, *não* usar muito xampu, *não* pentear com pente fino, *não* secar esfregando com toalha, definitivamente *não* usar o secador e *não* esquecer de usar um bom creme finalizador. Se o cabeleireiro for mestre em cabelo natural, vai inclusive saber que é possível cortar sem lavar!

Mas como esperar que qualquer cabeleireiro tenha experiência suficiente em cortar cabelo cacheado no país dos loiros lisos? Há algumas semanas, enquanto aguardávamos o corte do Sergei, minha sogra me perguntou se eu não queria aproveitar a ocasião e cortar também. Eu disse que não, achando que a resposta era suficiente; mas ela quis saber por quê. E aí foi necessário explicar, e Sergei traduziu tudo o que eu disse.

Longe de mim justificar meu medo com a possível falta de habilidade da cabeleireira. Botei a culpa no meu cabelo. *Sabe como é, trabalhoso, cheio de manha*. A reação da cabeleireira não foi de espanto, como eu esperava. Pelo contrário, muito segura, ela informou que, como eu podia ver pelo cabelo dela (liso ondulado com *babyliss*), ela gostava de cachos. Sou da opinião de que *gostar* e *saber tratar* de cabelo não são exatamente a mesma coisa, embora o primeiro ajude o segundo.

Semanas se passaram e meu cabelo cresceu mais do que eu gostaria. Eu já estava descontente de me olhar no espelho. Era hora de encarar o corte no salão ou passar o resto da viagem desgostosa com minha aparência. Mulheres e seus dramas, certo? *Então vamos cortar, afinal, meu aniversário está chegando e eu quero ter boas recordações desse dia*. O corte foi marcado para uma segunda-feira (sim, na Ucrânia o salão abre às segundas-feiras), mas com o inconveniente de ser agendado para às 16h30, horário em que Sergei ainda está trabalhando, o que significava ir sozinha.

Agora, como é que eu, sem falar russo, e a cabeleireira, sem falar inglês, nos entenderíamos sobre o que eu gostaria que fosse feito no meu cabelo? Sergei e eu bolamos a seguinte tática: ele enviou uma mensagem para a Vika (a cabeleireira) explicando *como* o corte deveria ser feito. Eu, para completar, enviei três imagens com sugestões de como gostaria que ficasse o resultado final.

GPS ligado no celular, rota traçada, lá fui eu me aventurar nas ruas da Ucrânia, às vezes esperando na quadra para atravessar em segurança junto com os pedestres locais — aquele medinho de fazer bobagem.

Encontrei Vika com um sorriso, mostrei a mensagem, que ela ainda não havia visto, e demos início aos procedimentos. O atendimento foi feito quase em total silêncio! Por saber que não falo o idioma, Vika mal dirigiu a palavra a mim. Eu, por saber que ela não fala inglês, mal dirigi a palavra a ela. Foi um pouco estranho. Eu até gostaria que ela tivesse sido como a minha sogra, que fala como se eu já fosse fluente, assim eu sempre pego algumas palavras soltas no ar e acabo entendendo mais ou menos do que se trata o assunto.

Em um determinado instante, olho para Vika e ela parece querer me perguntar algo, mas não sabe como. Eis que ela pede auxílio a outra funcionária do salão: "Вы знаете, как сказать 'короче' на английском?" (Tradução: Você sabe como dizer "mais curto" em inglês?). E, quem diria, eu entendi do que se tratava! Ao mesmo tempo que a funcionária respondia, eu também disse "*shorter*". Vika ouviu, me olhou com espanto e nós rimos da situação — acho que ela percebeu que "alguma coisa" em russo eu entendo. Então, para que ela ficasse mais à vontade e não pensasse que sou burra como uma porta, expliquei (em russo): "Eu não falo russo muito bem, mas entendo". Exagero da minha parte, claro; entendo pouco ou quase nada.

A partir dessa situação, mesmo com as poucas trocas de palavras, a sessão do corte de cabelo ficou mais suave. Acho que eu e ela conseguimos relaxar um pouco. Nada que um "нет" (não) ou "хорошо" (bom) não ajudem a deixar claro se as coisas vão bem ou não.

O resultado final ficou satisfatório! Talvez sem exclamação, mas, como eu tinha dúvidas sobre a habilidade dela em cortar meu cabelo, acho que no final deu tudo certo. A descrição que Sergei enviou ajudou bastante, mas esquecemos de dizer que era preciso lavar meu cabelo com água quase fria e aplicar bastante creme no final. Aliás, não falar o idioma foi um problema. Eu gostaria de ter dito que a água do lavatório estava quente demais, mas não deu. Eu poderia ter dito "*hot*" e acho que ela entenderia, mas no início dessa "aventura" eu ainda estava bem tensa e não queria falar muita coisa também.

Por fim, o aprendizado do dia não teve nada a ver com cabelo, mas com o idioma. Acho que, assim como minha sogra faz comigo, é vantajoso para o estrangeiro quando o morador local fala sem restringir seu próprio vocabulário. Para quem está aprendendo, quanto mais palavras usadas, maiores as chances de entender algo que faça sentido.

PEDIR ÁGUA NUNCA FOI TÃO COMPLICADO!

O aprendizado é um processo. Às vezes a gente está mais no começo, às vezes está mais no fim; ou, talvez, conforme a ocasião, a gente se sinta mais de um lado do que do outro. Aprender russo depois dos trinta é, para mim, pelo menos cinco vezes mais difícil do que aprender inglês quando eu tinha quinze. A gente estuda, estuda, estuda e parece que, se passa o final de semana sem estudar, já esqueceu uma semana inteira. É preciso se viciar em aprender para poder sentir que está chegando em algum lugar.

Acho que ainda não sei quase nada em russo, e minha sogra e a avó do meu marido sempre me lembram disso. Mas, quando estou passeando sozinha e falo alguma coisa com um garçom ou atendente, às vezes dá tão certo que quem me ouve responde como se eu tivesse nascido falando esse idioma. Imagina a sensação prazerosa que isso dá!

Esses dias fui a um restaurante sozinha, não pela primeira vez. Cheguei e simplesmente disse “oi” (Здравствуйте). Me sentei à mesa e o garçom trouxe o cardápio. Em russo. Eu poderia arriscar levar minha atuação adiante, mas não sou atriz e, pela fome que estava sentindo, achei melhor pedir um cardápio em inglês para não acabar escolhendo algo de que eu realmente não gostasse. Chamei o garçom e pedi, já com um russo mais enferrujado, um menu em inglês. O garçom, surpreso, me disse (em russo) algo como “Você falou tão bem que não achei que você não falasse a língua" — ou pelo menos foi isso o que acho que entendi, ao associar suas expressões faciais e as palavras que ouvi. Nunca saberemos ao certo.

Fiquei me perguntando: *como ele pode não ter desconfiado que eu sou gringa aqui? Olha a minha cara!* Vai ver eu já disse "Здравствуйте" tantas vezes que simplesmente fiquei craque nisso. Assim, toda vez que digo "oi" com um ar de confiança, as pessoas pensam que sou fluente.

Mas, afinal, o que é ter cara de gringa na Ucrânia? Só porque a maioria das pessoas daqui tem um certo fenótipo, não significa que toda pessoa que saia do estereótipo não fale russo, né? Aqui é comum encontrar turcos, georgianos e até indianos que falam russo fluentemente. Eu, só por ser a "típica brasileira" (se é que isso existe), não significa que não possa ser alguém que fale russo também. Certo?

Mas nem sempre a comunicação dá certo quando tento me expressar... óbvio. Certa vez, eu e meu marido estávamos em um café e eu quis pedir um copo d'água. Eu tinha tudo sob controle. Não tem como *não* entender o que significa "Eu quero um copo d'água, por favor" (Я хочу стакан воды, пожалуйста). Certo? Olhei firme para o garçom e fiz meu pedido, segura de que ia funcionar. Aí, em vez de anotar o pedido e sair, ele perguntou, com o mesmo olhar e voz firme:

— Хотите натуральную или газированную воду?

Fiquei sem resposta e imediatamente enviei um olhar de socorro em direção ao Sergei. Ele traduziu: "Você quer água natural ou com gás?". "Natural", respondi. Sergei respondeu por mim. Antes que eu pudesse respirar aliviada, o garçom, ainda me olhando, continuou:

— При комнатной температуре или со льдом?

Meu olhar espantado voltou-se ao Sergei mais uma vez, e ele traduziu: "Você quer água gelada ou não?". Respondi: "Sem gelo", pra ele. Eu já estava achando isso tudo meio complicado. De qualquer forma, achei que o drama ia acabar aí, mas eis que ouço:

— Вы хотите напитки сейчас или с едой?

Caramba! Quão difícil pode ser pedir um copo d'água?! Desta vez, percebi que o garçom já não mantinha mais contato visual comigo. Acho que ele finalmente desistiu ao ver que minha máscara de "fluente em russo" tinha caído. Sergei traduziu para mim: "Você quer que sirva agora ou com a comida?". E, antes que o garçom pensasse que eu só sei uma frase em russo, olhei pra ele e disse: "Сейчас" ("Agora"). Ufa!

NA SALA DE EXAME

Dinheiro ou saúde. Se você tivesse que viajar sem um deles, qual escolheria?

Eu optaria por sair sem dinheiro. Aliás, já me aconteceu de sair sem um puto no bolso. Foi chato, mas sempre tive a sorte de, na hora, poder contar com uma amiga, mãe, pai ou marido para me ajudar. Não fosse por eles, eu teria voltado pra casa a pé. Agora, sair de casa sem saúde é complicado. Isso ninguém te empresta. Não dá. E como aproveitar qualquer viagem quando a saúde foi pro saco? A saúde que você tem é a que você leva aonde quer que vá. Essa não dá pra deixar em casa, por mais que você queira. Sua saúde está ruim? Vai ter que sair com ela assim mesmo. A não ser que você fique em casa.

Dias antes da minha viagem à Ucrânia eu já estava "prevendo" alguns problemas. Não que eu seja vidente, mas, dadas as circunstâncias (longas horas de viagem, comendo bobagem e sem tomar muita água), era muito provável que meu problema de constipação voltasse à tona. A vida, cheia de graça, me "presenteou" com outras enfermidades: uma intoxicação alimentar após comer em um restaurante georgiano (maldita salada cheia de alecrim) e quase duas semanas com crises de enxaqueca.

Sem saúde, a equação é esta: "zero de saúde = zero tempo curtindo a viagem". E a viagem não dura pra sempre. Se tivéssemos vindo para ficar só uma semana na Ucrânia, eu praticamente teria perdido a viagem toda. Mas um mês e meio é tempo razoável; pelo menos razoável o bastante para se curar de alguns problemas e para buscar outro ponto de vista médico sobre minha constipação.

Consultamos uma médica gastroenterologista aqui e ela pediu uma tomografia computadorizada com contraste. No dia do exame, Sergei me acompanhou. Era a vez de ele ser meu "intérprete" (já fiz isso várias vezes pra ele no Brasil). Sergei avisou a enfermeira de que eu não falo russo, já adiantando que, caso houvesse alguma instrução, ele traduziria pra mim. Para nossa surpresa, a enfermeira disse: "Não precisa, o médico fala inglês". Que beleza! E que alívio!

Sergei saiu da sala de exame. A enfermeira ficou. O médico não veio. Hmm, estranho.

Em seguida, a enfermeira começou a falar comigo: em russo!

Caramba, e agora?! Foquei toda a minha atenção no que ela dizia:

— Blá-blá-blá-blá-blá... senta.

— Blá-blá-blá-blá-blá... deita.

— Blá-blá-blá-blá-blá... braço.

Foram as únicas coisas que entendi. Acho que captei as principais informações. Se, em algum momento, ela perguntou alguma coisa, ficou sem resposta.

Muito bem. Estou eu lá, deitada na máquina que vai mandar radiação para o meu corpo e com uma agulha no braço que insere um contraste iodado na veia. O exame já vai começar. Cadê o médico? Dou uma leve erguida de cabeça e vejo dois homens na salinha à frente, atrás de uma parede de vidro.

A enfermeira sai da sala. Agora sou só eu.... e a máquina.

Ding! A máquina ligou. De repente, ela começa a me dizer (com aquela voz de secretária eletrônica) *"Breathe in.... breathe out"*. (Inspire, expire.). *Ah, saquei. O médico não vai vir falar comigo em inglês. Ele só vai apertar o botão que dá os comandos em inglês. Não era bem isso o que eu esperava, mas "tá valendo".*

A primeira rodada do exame foi rápida. A enfermeira voltou e disse mais algumas coisas: "Blá-blá-blá-blá-blá... ótimo". *Acho que o exame tá dando certo.* Em seguida, ela fez uns gestos apontando para a garganta enquanto dizia "Blá-blá-blá-blá… calor". Hmm, eu não estava muito confiante sobre esta última parte. Ela saiu e eu continuei deitada.

A máquina voltou a falar comigo. De repente, comecei a sentir uma queimação na garganta e até lá "embaixo". *Que é isso!?* Por um instante, parecia que eu ia urinar em chamas! Tentei me acalmar: *Calma, Paula! Com certeza deve estar relacionado ao que ela te alertou minutos atrás.* Fiquei esperando e, em alguns segundos, o exame e o calor acabaram.

Lá vem a enfermeira de novo. "Blá-blá-blá-blá... cinco minutos". Como ela não havia removido a agulha da minha veia, entendi que era preciso esperar uns minutinhos. Subi as calças, ela abriu a porta e vi meu marido me aguardando no banquinho em frente à sala de exame. Que alívio!

Não há nada como se sentir segura ao se comunicar com alguém. Ouvir e entender. Falar e ser entendida. Com tanta tensão, eu já nem me importava tanto com o resultado do exame, só queria o conforto de estar com quem me entende.

GANHANDO PONTOS COM A AVÓ

Você já conheceu alguém que te julgou mal, mesmo sem te conhecer? Eu já. A avó paterna do Sergei. Antes de me conhecer, ela já tinha uma opinião formada a meu respeito. Pelo que dava a entender, eu era uma mulher mimada e preguiçosa, e, quando comecei a fazer o mestrado, não melhorou; aí eu era acusada de estar "só estudando".

Em 2019, após quatro anos de casamento, eu e ela tivemos a oportunidade de nos conhecermos pessoalmente. Momento importante para mim, já que, em muitas noites anteriores, me doía o fígado só imaginando o que poderia dar errado e o quanto ela poderia me criticar, em russo, sem que eu pudesse entender ou responder à altura. Mesmo que eu entendesse, o que é que seria adequado responder a uma senhorinha? Nada. Ela tem total direito de não gostar de mim.

O conselho de minha mãe e de minhas amigas era para *ser eu mesma*. Eu não tinha que "tentar agradar" a avó. Já para meu marido, a opinião da avó não importava, pois quem se casou comigo foi ele, não ela. Mas, é claro, eu só queria que desse tudo certo, voltando pra casa certa que toda a família dele me aceitava.

Para minha surpresa, no entanto, ao contrário do que eu imaginava, ela foi muito simpática comigo! Não pudemos conversar muito porque não falo russo! Mas não teve problema, ela passou boas horas matando a saudade do neto (meu marido), o que fez o tempo passar rápido. Eles conversavam e eu só olhava.

Primeira estrelinha

Ganhei um ponto positivo com ela naquele dia. A primeira *estrelinha* foi porque Sergei finalmente tinha ganhado um pouco de peso nos últimos anos — não que eu tenha tido qualquer influência nisso, mas, enquanto ela achasse que isso tinha a ver com o fato de eu cozinhar bem e alimentar bem meu marido, eu não tinha problema algum em deixá-la pensando que aquilo era mérito meu.

O domingo passou rápido e o sucesso do encontro foi tão grande que concordamos em nos ver novamente no final de semana seguinte. Então, dias mais tarde, lá estávamos nós de novo. Desta vez curtindo a experiência de preparar o almoço com ela, que sempre foi famosa pela destreza na cozinha.

Segunda estrelinha

Ganhei outro ponto naquele dia. Algumas semanas antes, ela havia dado uma camisa de segunda mão para o Sergei. Uma camisa listrada de gola polo que serviu nele como uma luva. Como tínhamos o segundo encontro marcado com a avó, ele vestiu a camisa para a ocasião — sabendo que ela apreciaria o gesto. Chegando lá, a avó, admirada, perguntou ao Sergei:

— O que você fez com a camisa? Como ela ficou parecendo nova e com cores tão boas?

Imagina a cena: eu, sentada ao lado do Sergei, enquanto ela dizia isso tocando a camisa. Eu vi que a expressão facial dela era boa, então era bom sinal. Sergei traduziu pra mim o que ela disse, mas custou alguns segundos até encontrar uma resposta. Como num flash, eu interferi na conversa e expliquei:

— Eu só lavei. Com sabão em pó normal, na máquina de lavar roupa.

Bah! A avó mal podia acreditar. Que sabão especial era esse? Nem sei, não tinha nada demais. De qualquer forma, no final do dia, eu havia subido no conceito dela. Agora, pelo menos, ela via que a esposa do neto é capaz de fazer comida e lavar roupa (risos).

VINTE MINUTOS OU MAIS

Um dia eu, Sergei e dois de seus amigos (Artëm e Eugene) fomos ao "City Food Market" de Odessa, chamado "рынок" (Rinok). O Rinok é um lugar badalado. Com várias opções gastronômicas, como sushi, pastel, pizza, sanduíches, entre outros, o espaço está sempre cheio de gente jovem e, às vezes, tem música ao vivo. No final da tarde o pessoal começa a chegar e, quando você menos espera, não tem mais nenhuma mesa livre e a sua única opção é tomar uma cerveja em pé ou pedir um lanche para viagem.

Nós chegamos já no horário do agito, lá pelas 20 horas. Tomamos uma cerveja e ficamos jogando conversa fora. Quem me conhece sabe que nunca saio de casa sem minha bolsa com tudo o que posso carregar (celular, documento, passaporte, dinheiro, cartão do banco, cartão do seguro-saúde, habilitação e absorvente). Precavida, sempre!

Aproveitei que era a única *turista* do grupo e comecei a perguntar aos rapazes sobre o jogo da paquera na Ucrânia. Eu queria saber se eles usam aplicativos de relacionamento como o Tinder, que lugares são mais propícios à paquera, se é estranho a mulher tomar a iniciativa, essas coisas. Conversa vai, conversa vem, o volume da música no Rinok aumentou e se esforçar para falar tão alto tornou-se cansativo. Resolvemos ir ao "Fox and Pipe", pub irlandês que eu tinha conhecido poucos dias antes.

Depois de meio litro de cerveja, fomos caminhando até o pub sem pressa alguma. Assim que chegamos, procurei um lugar para me sentar. Coloquei a blusa que eu carregava no encosto de um banquinho e quando fui pendurar minha bolsa... "Opa! Cadê a minha bolsa?!". *Não acredito, esqueci a bolsa no mega, hiper, badalado e agitado Rinok, que fica a uns dez minutos dali. E agora?!*

Eu sou pior do que barata solta quando ando aqui em Odessa; ando em qualquer direção, menos na certa. Após meio litro de cerveja, é pior ainda. Eugene e Artëm prontamente se ofereceram para ir procurar minha bolsa e eu e Sergei ficamos no pub guardando lugar.

Fiquei superpreocupada! É "óbvio" que alguém ia ver a minha bolsa largada no sofá onde nos sentamos. Tão óbvio que não consigo entender como *não percebi* que eu estava deixando algo para trás. Uma bolsa bege num sofá preto? Como não notar?

De cara um pensamento me invadiu a cabeça: *Já era, alguém vai roubar a bolsa. Se não roubar a bolsa, vai levar pelo menos o dinheiro e o celular.* Perguntei para o Sergei qual era a probabilidade de, aqui na Ucrânia, alguém realmente levar a bolsa. Ele disse:

—Ah jená [forma carinhosa como ele me chama, que na verdade significa "esposa" em russo], não sei, num lugar público e cheio de gente como aquele, não dá para saber.

Aí fiquei pensando: *Será que os meninos lembram de como era a minha bolsa? E se porventura alguém deixou minha bolsa no Achados e Perdidos, e o atendente pedir descrição sobre o que tem dentro dela?*

— Fica com o celular na mão — falei para o Sergei. — Vai que os meninos ligam pedindo alguma informação.

Aí Sergei me disse:

— Eu não trouxe o celular, ficou em casa.

Pra quê?! Nessa hora eu não sabia mais se era melhor o Sergei ir atrás deles ou eu, que sou a dona da bolsa. Fiquei imaginando o impasse: os meninos lá, tentando entrar em contato com a gente, e a gente no pub, esperando eles voltarem com novidades e, com sorte, a minha bolsa.

Uns vinte minutos se passaram até os meninos voltarem... com a bolsa intacta! Ou seja, com absolutamente *tudo* dentro. Aquele foi um dos melhores momentos do dia! E então perguntei como tinha sido o resgate daquela preciosidade:

— Onde encontraram minha bolsa?

— No mesmo lugar onde você deixou.

A mesa onde estávamos sentados não tinha sido ocupada por mais ninguém desde que saímos. Como as pessoas viam que havia uma bolsa no sofá (em frente à mesa), devem ter pensado que a mesa estava ocupada. Imagina só! Um lugar agitado daquele, onde "mesa vazia é ouro" e, por mais de vinte minutos, ninguém ocupou o lugar nem levou a bolsa ao *Achados e Perdidos*. Mal acredito que a noite acabou bem!

A CIDADE DOS GATOS

No Brasil, deparar com um cachorro de rua é algo que não "espanta" tanto. A gente repara, mas não se deixa envolver demais. Se as condições são boas, a gente doa um carinho. E, se rolar carinha de choro, aí ganha comida, com certeza.

Gosto de cachorro, já tive alguns. Salve, Pretinha! Salve, Filé-mignon! Salve, Lucy! Salve, Meg! Espero não ter esquecido de nenhum. Mas com certeza adoro gatos, mais do que cachorros. Não vou nem começar a lista dos gatinhos, foram muitos em pouco mais de trinta anos de vida.

Apaixonada por gatinhos que sou, me encanto facilmente por qualquer um que apareça, até mesmo por aqueles pintados em panos de prato. E o que dizer das bolsas com desenhos de gatinhos?! Agendas! Quadros! Ui, são tantos. Mas nada como um gatinho de verdade, desses que imploram por um colo quentinho e decoram nossa roupa de frio.

Em Odessa, na Ucrânia, há um monte de gatos! Não se espante. Você vai vê-los em todo lugar: na porta da farmácia, em frente ao banco, ao lado do mercado e escondidos entre os prédios do hospital. Se me perguntarem "Quão comum é a figura do gato em Odessa?", me atrevo a dizer que os gatos estão para Odessa assim como o quati está para Foz do Iguaçu, assim como a tartaruga está para Florianópolis e assim como a capivara está para o condomínio onde cresci. Com certeza você vai encontrar uma camiseta com seu respectivo bichano em cada lugar desses.

E por que há tantos gatos em Odessa? Certa vez ouvi dizer que os gatos foram muito úteis algumas dezenas ou centenas de anos atrás. Pelo fato de Odessa ser uma cidade portuária, os gatos ajudavam a caçar os ratos que vinham nos navios. E assim, de rato em rato, com a fartura, a população de gatos meio que saiu do controle. Ainda assim, Odessa é um lugar seguro para esses felinos. As maiores ameaças talvez sejam os carros, os cachorros e o inverno, já que, no que depende das pessoas, elas são amáveis e cuidam bem dos gatinhos.

Quero poder sempre lembrar de alguns dos meus encontros com os gatinhos de Odessa: de quando eu achei que um ia cair da janela, de quando outro se deitou ao meu lado no restaurante e de quando, no pátio do hospital, vários gatinhos me cercaram, achando que minha sacola continha comida. E, claro, quero lembrar do gatinho cor de mel que, ao cruzar seu olhar com o meu, percebeu que eu era presa fácil e veio em minha direção com o miadinho mais doce que já ouvi. Quase o levei pra casa.

PEDACINHOS DE BRASIL NA UCRÂNIA

Que tem brasileiro em todo canto do mundo, eu não duvido. Mas que existiriam pedacinhos de Brasil lá na Ucrânia, eu não esperava. Quando viajei para Odessa pela primeira vez, em 2014, ouvi tocar "Ai se eu te pego", de Michel Teló, na rádio. Achei aquilo um barato! Mas Michel Teló acabou saindo de cena e, pela cidade, voltaram a tocar nossa antiga e boa bossa-nova. "Garota de Ipanema"? Não a vi, mas a ouvi umas quatro vezes em algum restaurante, loja de doces ou lá na praça central. Falando em música, outro dia, na casa dos avós do meu marido, minha sogra tocou o clipe "Boa sorte", de Vanessa da Mata, no YouTube, durante o almoço; mas veja: não foi sugestão minha. É que minha sogra tem bom gosto mesmo.

De passagem pela capital, Kyiv, Sergei e eu fomos a um barzinho. Ambiente bem introspectivo, sem janelas. No teto podíamos ver penduradas duas bandeiras: uma da Ucrânia, claro, e a outra do Brasil. *Oi?! Como é que a nossa bandeira foi parar lá?* Não resisti e perguntei ao dono do bar o motivo. Então, como se minha pergunta só pudesse aceitar um tipo de resposta, ele disse sem hesitar: "Sou admirador do futebol brasileiro, então coloquei a bandeira lá!".

Futebol, por sinal, deve ser a pinta gigante que o Brasil carrega no corpo e que todo mundo vê. Lá em Odessa, em um mercadinho central, deparei com um Neymar em tamanho real, de papelão, servindo de propaganda de um produto. Mesmo sendo o Neymar de mentirinha, tietei e tirei uma foto ao lado dele para mandar para a família — óbvio.

Noutro barzinho encontrei referências do Brasil em algumas bebidas. A primeira foi na própria e inesquecível cachaça. Nunca tinha ouvido falar numa tal de "cachaça Leblon" — o que mostra que não sou grande *connoisseur* de bebidas. A segunda foi na seção de coquetéis, em uma bebida chamada "Bloody Rio" (mistura de cachaça Leblon com um mix de tomate picante). Por último, em um restaurante mais conhecido por sua cartela de vinhos, deparamos com uma cerveja chamada "Varvar Ipanema".

Além de futebol e cachaça, o que mais é a cara do Brasil? Café! E outras dezenas de coisas, eu sei. Para minha enorme alegria, o nosso saboroso café brasileiro está à venda em muitas pequenas e grandes cafeterias da Ucrânia. Há, inclusive, marcas de que eu nunca ouvi falar!

Viajar para outro país e vivenciar coisas novas é ótimo, mas não nego: esses pedacinhos de Brasil (lá fora) me trazem um sorriso morno ao rosto. E, com tanta desgraça que parece assolar o país, é bom lembrar das coisas boas e prazerosas que conquistam os mercados lá fora.

OUSADIA

O SONHO E O ABISMO

Todo mundo passa por eventos da vida que acabam despertando ansiedade, medo ou insegurança. É normal. Mas nem todo mundo sofre com isso a ponto de perder o sono e a qualidade de vida. Então, quando é que a gente se dá conta?

Talvez você tenha planejado uma grande viagem de final de ano, talvez tenha recebido a notícia de que vai precisar passar por uma cirurgia, ou talvez tenha começado a trabalhar em uma empresa onde há muitas expectativas sobre o seu desempenho. O quanto você pensa no que é esperado diante dessas situações? Até que ponto te parece "sadio" dedicar tempo a isso?

Para escrever este livro revisei algumas das anotações do meu diário. Eu sabia que fazia algum tempo que eu não estava bem, e a mudança para a Ucrânia só tornou mais intenso o que já era um problema. Era meados de agosto de 2020, relembro como se fosse ontem as sensações físicas e emocionais daquele período: o peito apertado, o pescoço rígido, dores de cabeça, zumbido no ouvido, as pernas tremendo ao tentar dormir, insônia e os pesadelos mais horrorosos que já tive na vida. Aquilo era incontrolável. Eu estava um caco e me sentia sozinha porque não havia ninguém com quem eu pudesse realmente compartilhar o fardo que eu mesma havia criado.

Foi assim que descrevi no diário:

"O que está acontecendo? Parece que eu estou ali, me equilibrando numa corda bamba. Ali, parada no que parece ser o meio do caminho, olho para os lados e só enxergo o vento frio que vem de baixo para cima, é o abismo. Não tem mais nada e mais ninguém, só eu e a corda. Não sei 'onde' vou chegar se seguir adiante, nem 'quando' chegarei. Aliás, chegarei a lugar algum? Não sei. Me preocupo".

Era uma paralisia diante do medo. A possibilidade de que tudo poderia sair do controle e acabar da pior forma possível me fazia questionar o que de fato valia a pena ser feito. O que acho curioso sobre o transtorno de ansiedade é que tudo, absolutamente tudo, me parece (até hoje) facilmente justificável. Não é como se eu tivesse medo do invisível. Reconhecer a chance de que algo pode dar errado sempre foi o gatilho necessário para pensar incansavelmente sobre o assunto até chegar a alguma solução perfeita – o que nunca foi o caso.

O sonho de ter uma experiência fora do país estava para acontecer! Isso sim fazia sentido, e no diário eu anotei tudo:

"Eu nunca escondi do Sergei a minha vontade de morar fora. Assim como ele, a ideia de conhecer outra cultura, aprender outro idioma e ter novas experiências em um país estrangeiro também me fascina. Nós já havíamos decidido (talvez por um pouco de pressão minha) que deveríamos viver um ano na Ucrânia – antes mesmo de surgir essa oportunidade de ele trabalhar para a empresa de Hong Kong. Eu argumentava: 'Acho que temos que aproveitar que ainda não temos filhos e nos (ou 'me') permitir essa experiência porque, depois que nos tornarmos pais, vai ser muito mais difícil e mais caro fazer uma viagem internacional para qualquer lugar, até mesmo para visitar seus familiares'. Argumentos eu tinha. Parece que sempre tenho. E, pra mim, eles fazem sentido".

No entanto, a minha celebração durou pouco. Perto de realizar o desejo, fui rapidamente tomada, nas semanas ou meses seguintes, por questões que eu não conseguia responder:

"E se o emprego do Sergei não der certo? E se ele estiver infeliz no emprego e quiser voltar ao Brasil? Não acredito que finalmente vou morar fora! Mas minha mãe vai ficar sozinha. E se ela pegar covid e eu não estiver aqui para cuidar dela? E se ela tiver um problema de saúde, uma parada cardíaca, e se ela não conseguir pedir socorro? Acabamos de pagar pelo carro que compramos ano passado, exatamente um ano atrás. O carro vai ficar parado na garagem? Que desperdício! Acabei de renovar o seguro do carro! Mas, pelo menos, com um carro a mais na garagem, ninguém vai imaginar que a casa está vazia; mesmo quando minha mãe tiver saído com o carro dela; ou seja, talvez isso afaste possíveis ladrões. E se neste momento eu já tiver engravidado (mas ainda não sei)? Será que vou ter um bebê lá na Ucrânia, longe da minha mãe e das minhas amigas, em um país onde mal falo o idioma?".

Talvez você concorde comigo que esses pensamentos têm um fundo de razão em existir. O problema é que eu intencionalmente tentava encontrar uma resposta para coisas que sequer haviam acontecido, e nenhuma resposta era satisfatória o suficiente para me trazer sossego. Comecei a crer que meu desejo não devesse ser realizado, pois ele traria muito mais riscos do que alegrias. Sentia-me inteiramente responsável pelo resultado de tudo, até daquilo que, em essência, era simplesmente incontrolável.

Quando Sergei partiu para a Ucrânia, em agosto de 2020, cheguei ao limite. Vislumbrei o abismo em completa inércia e me responsabilizei pela possibilidade de que "eu, sem controle emocional" não ajudaria a construir um casamento feliz. Acho que admitir que precisava de ajuda profissional era vergonhoso pra mim, mas as palavras de Sergei, uma noite antes de ele partir, ecoaram em mim e me fizeram tomar uma decisão:

— O que nós temos juntos é tão bom e tão certo que eu sei que faremos o que for preciso para voltarmos a ficar juntos; o que me entristece é o tempo que ficaremos afastados.

Nos meses seguintes, em vez de buscar respostas para eventos imaginários, foquei em cuidar de mim. Fiz uso de tratamento farmacológico e terapia, estabeleci pequenas metas para ocupar meu tempo e minha mente e tentei construir mais confiança nas minhas decisões. Cheguei à Ucrânia em outubro de 2020 ainda com uma mala cheia de medos, inseguranças e remédios. Mas já não havia mais volta, o jeito era olhar pra frente.

PELA TRADIÇÃO DO BRINDE!

Sou do tipo que bebe uma cervejinha sozinha em casa, duas ou três quando entre amigos e, se a ocasião for especial e pedir uma taça de vinho, bebo também, sempre com moderação nesta fase da vida. Quem bebe pouco sabe: dependendo do que for, um golinho, uma taça ou uma garrafa a mais fazem *enorme* diferença. Eu sabia, mas havia esquecido e relembrei da forma mais típica possível: numa festa de aniversário.

Eu e meu marido fomos comemorar o aniversário do avô dele: uma pequena reunião em casa para cinco pessoas. A mesa estava posta conforme a tradição ucraniana: mesa farta, cheia de entradinhas, prato principal, momentos para os brindes alcoólicos, sobremesas e chá. Não há como iniciar e terminar um evento desses sem uma duplinha de Engov.

O que acho bonito nas celebrações de aniversário ucranianas, pelo menos nas de adultos, é a tradição do discurso e do brinde. O convidado mais velho é quem puxa a série de brindes, seja com champanhe, vodca ou conhaque. Todos erguem suas taças enquanto ouvem o discurso do convidado. O discurso, sempre muito bonito (ou engraçado), geralmente descreve algum momento importante que eles (aniversariante e convidado) viveram juntos, e é seguido de votos de boa saúde e felicidade.

Lá estava eu, na festinha, pronta para mergulhar num universo de novas tradições. “Vamos preparar os copinhos do brinde!”. Entre champanhe e conhaque, escolhi o conhaque, só porque o cheiro dele havia se espalhado pela mesa e aguçado minha curiosidade pelo seu sabor — não, conhaque não é o que costumo beber em casa, nem em festinhas e nem entre amigos.

Vamos lá! Momento do primeiro brinde! A avó do meu marido começa o discurso, Sergei me dá um toquinho e avisa baixinho: "No primeiro brinde você tem que virar o copo!". Oh, vejamos... "Okay, um copinho eu dou conta". Brindes feitos! Senti o conhaque descendo quente pela garganta. Como quem não está acostumada a beber, bateu até aquela vontadezinha de tossir: *Que eles não temam que eu esteja com coronavírus* — na pandemia, suspeitávamos de qualquer tosse. Segurei o quanto pude, comi um pouco de pão com salmão e, quando percebi que ainda ia tossir mais uma ou duas vezes, avisei o Sergei: "Se alguém achar estranho, avisa que estou tossindo por causa do conhaque". Olha o medo de passar vergonha aparecendo...

Uns vinte minutos depois, era a vez do tio fazer o brinde. Mais conhaque no copinho! Ouvi o discurso do *segundo* brinde também em russo, sem entender nada, mas fiz cara de alegria como todo mundo. Então, quando brindamos ao centro da mesa, virei o copinho todo. Aí o marido me dá outro toquinho e avisa: "O segundo não precisava virar". Eita! *Talvez entre um petisco e outro não dê nada*, tentei me assegurar.

Vinte minutos mais tarde, o tio pergunta quem de nós (eu ou Sergei) é o mais velho. Respondo: "Sou eu". Era a minha vez de fazer o discurso. Enchido o copinho de conhaque pela *terceira* vez, pensei no meu discurso e o disse em inglês para o Sergei traduzir. Brindamos! Só que desta vez fui mais esperta, molhei o lábio e dei só um golinho. *Acho que estou começando a pegar o jeito!*

Só que o calor começou a subir da mesma forma que o conhaque desceu da primeira vez. A sensação de relaxamento bateu e eu fiquei até mais à vontade para falar umas frases em russo. Comi mais um pouco e terminei meu copinho de conhaque o intercalando com suco de uva. Mas não era o fim. Ainda havia o *quarto* brinde, a ser feito pelo meu marido! Quando me dei conta, o tio do Sergei já estava completando meu copinho de conhaque, que estava vazio. E quem sou eu pra impedir e quebrar a tradição? *Deixa, pode servir.*

Sergei fez o quarto e último brinde! A esta altura eu já estava achando a situação toda engraçada e não via a hora de iniciarmos as sobremesas para, quem sabe, o efeito do álcool passar. Não passou. Não passou até o final da festa, nem quando chegamos em casa, mas, lá pelas quatro da manhã, depois de mais dois Engovs, ah, aí o conhaque finalmente encontrou o rumo certo: para fora de mim.

QUANDO AVISAR QUE NÃO ENTENDEU?

Quando meu marido, estrangeiro, se mudou para o Brasil falando "um pouco de português", reparei que ele nunca avisava quando já não entendia mais nada. Inúmeras vezes eu lhe disse:

— Não espera a pessoa encerrar o assunto. Quando não estiver entendendo mais nada, interrompa a conversa e avise a pessoa, assim ela fica sabendo até que parte você entendeu.

Sempre achei esse meu conselho óbvio. Até eu chegar na Ucrânia e passar pela mesma situação. Sergei e eu estávamos no mercado, na seção de bebidas. Eu estava tentando escolher uma cerveja que, só pela aparência da latinha, parecesse boa. Claro, ir ao mercado sem referência de boas cervejas e acompanhada de uma pessoa que não bebe não podia dar em outra coisa. Nós falávamos em português quando, de repente, apareceu um rapaz, em uma blusa de estampa militar, também na seção de bebidas.

Ele deve ter notado a minha angústia tentando escolher uma boa cerveja e me disse algo, de forma muito simpática, que não entendi. Então sorri como quem havia entendido e, como o rapaz não saiu dali, perguntei para o Sergei "O que ele disse?". Sergei traduziu: "Ele disse que você deveria levar essa cerveja que está na sua mão porque ela é a menos pior". O rapaz, vendo minha interação com Sergei, achou que havia interrompido nossa conversa e disse "*I'm sorry*" (Desculpa) pra ele. Sergei disse que não havia problema algum, e aparentemente estava tudo resolvido. Mas não.

Quando o rapaz perguntou se eu falava espanhol, numa súbita vontade de me expressar em russo, respondi "Sou do Brasil, falo português". Pra quê!? De repente esse rapaz engatou numa conversa enorme! Muito empolgado, ele começou a me contar um monte de coisa; um monte mesmo! E eu fiquei lá, sendo simpática, com um sorriso amarelo no rosto e só confirmando "Uhum...", "хорошо" (Que bom).

Naquele momento me lembrei do conselho que dei para o Sergei tantas vezes: "Avise quando não estiver entendendo nada". Não tive coragem! Mesmo se tratando de uma breve conversa com um "estranho" no mercado, não quis cortar o barato dele, que estava ali, todo animado com a conversa que só ele entendia. Pensei comigo: *Se surgir alguma pergunta, vai haver um hiato na conversa (porque não vou saber responder), e espero que Sergei traduza pra mim*. Por sorte, não houve nenhuma ocorrência e, em dado momento, eu até comentei com o rapaz que há cervejas boas no Brasil — mais para não deixá-lo falando sozinho. Nosso papo na seção de cervejas se encerrou, e Sergei e eu continuamos as compras.

Na pequena seção de cafés, com preços altos, enquanto eu estava ali decifrando qual pacote tinha a melhor relação "preço x peso x embalagem", nosso *amigo* em estampa militar apareceu novamente e fez mais um comentário:

— Café aqui é ruim; café ucraniano é misturado com outras coisas, não é café puro — Sergei traduziu pra mim.

Eu, claro, quis comentar algo e disse "O café brasileiro é o melhor!" — podia não ser verdade, o importante era não deixar o amigo no vácuo. A impressão que passei, no entanto, talvez tenha sido a de que eu realmente entendia o que ele falava. Visivelmente mais animado, o rapaz engatou numa nova conversa. Depois de certo tempo, eu *senti* que a conversa já não tinha mais nada a ver com café, mas continuei ouvindo, simpática, com um sorriso amarelo no rosto e só confirmando "Uhum...", "хорошо" (Que bom).

A conversa na seção de chás e cafés terminou quando o rapaz perguntou para o Sergei como se diz "tchau" em português. Ele sorriu, me disse "Tchau" e partiu. Agora eu finalmente tinha condições de perguntar ao Sergei:

— Afinal, o que foi que ele contou esse tempo todo?

Vi então que perdi todo o conteúdo de uma conversa um tanto aleatória. Nosso amigo havia dito que não existe cerveja boa na Ucrânia, que ele já estava acostumado a beber a cerveja mais barata, que é aquela vendida em uma embalagem plástica, que ele era militar e já havia lutado na guerra, mas que não havia matado ninguém, que ele gosta de café turco porque é mais forte e ele até explicou como prepara o café que bebe, à moda turca. Fiquei só imaginando a cara que eu fazia enquanto ele contava tudo isso: simpática, com um sorriso amarelo no rosto e confirmando "Uhum...", "хорошо" (Que bom).

UM ABRIGO PARA GATOS, SEM ENDEREÇO. POR QUÊ?

Tudo muito secreto, muito misterioso. O abrigo para gatos que eu queria conhecer não tinha endereço e, antes de me explicar como eu poderia ajudar, a dona do espaço marcou um encontro comigo em um parque. Achei esquisito e, ainda por cima, no dia do encontro, acabei não vendo gato algum.

Pois é, tive a ideia de começar a fazer um trabalho voluntário aqui em Odessa – uma forma de me sentir mais útil e também de, quem sabe, dar um *upgrade* no meu russo. *Por qual causa trabalhar?* Não tive dúvidas: causa animal. Eu tenho sentido muita falta dos meus gatinhos e aqui, com tantos gatos vivendo nas ruas, com certeza há muitos precisando de ajuda.

Na internet encontrei os dados de um *suposto* abrigo que está localizado no bairro onde moro. O abrigo tinha um nome simples "Cat's Flat" (Apartamento de gatos). No site apareciam as fotos de alguns animais, e constava o nome, telefone e link da página pessoal da proprietária do abrigo. *Hmm... mas por que o abrigo não divulgou o próprio endereço? Por que o contato oficial é a página pessoal da proprietária (no Facebook?).* Estranho. Arrisquei um contato mesmo assim.

A troca de mensagens com Tatiana, a dona do abrigo, envolveu algumas surpresas. Na minha primeira mensagem, me apresentei em russo e de cara apontei que também falo outros idiomas, na expectativa de que isso facilitasse a comunicação. Logo a resposta chegou. Curta e simples: "Hello. I know English... little" (Oi, eu sei inglês, um pouco). Ah, senti como se tivesse tomado um banho de água fria; rapidamente toda aquela empolgação para fazer algo pelos gatinhos se resumiu a um problema aparentemente "essencial": não falamos um mesmo idioma.

Porém, alguns minutos mais tarde, recebi uma notificação sobre a continuação da resposta de Tatiana e admirei que, apesar da óbvia dificuldade em se expressar, ela tomou a atitude de usar um tradutor online para poder me dizer: *"Thank you for loving the animals! I see that you are a journalist telling about Odessa. I'm ready for cooperation! I am ready to tell and show a lot related to animals"* ("Obrigada por gostar de animais. Eu vejo que você é jornalista e fala sobre Odessa. Estou pronta para cooperar, mostrar e falar muitas coisas sobre os animais!").

A atitude e a preocupação genuína de Tatiana mereceram minha atenção. Claro, eu queria conhecer o abrigo, ver em que condições esses animais viviam e como eu poderia ajudar. Porém, o que Tatiana me propôs foi de nos encontrarmos num parque para "discutirmos tudo antes". E lá fui eu com Liza – minha amiga e professora de russo, que auxiliou no diálogo.

A aparente frieza e distanciamento de Tatiana foram se dissolvendo enquanto conversávamos. Conhecê-la e ouvi-la contar sobre a situação dos gatos de rua me fez ter uma visão diferente sobre o que são esses abrigos, como eles funcionam e que lugar os gatos ocupam no coração dos "odessitas".

Na minha cabeça, um abrigo para gatos deveria ser algo parecido com uma ONG: teria endereço oficial, funcionários registrados, um CNPJ, um site com logo e algo mais do tipo. Mas não. Tatiana disse que muitos abrigos são *associações informais*, um grupo de moradores unidos para ajudar os animais, doando ração, medicamentos ou buscando parcerias com clínicas veterinárias. O próprio "Cat's

Flat" que Tatiana gerencia é exemplo disso. Em um apartamento, ela cuida de oito gatos que precisaram de atendimento veterinário e agora aguardam um novo lar. Além disso, ela também presta auxílio a abrigos de outras localidades que acabam tendo menos visibilidade e, consequentemente, recebendo menos ajuda.

Entre as muitas coisas interessantes que Tatiana contou, teve uma que me chamou muito a atenção. Ela disse que muitos donos de abrigos não gostam de falar com jornalistas, pois o resultado obtido, geralmente, é o inverso do esperado: após a transmissão da matéria jornalística falando sobre os abrigos, o trabalho que eles realizam tratando animais e depois os disponibilizando para adoção, o que acontece é que, nos dias seguintes, mais e mais pessoas aparecem em frente aos abrigos com caixas cheias de novos animais para abandonar.

Aí entendi o motivo de tanto "segredo" quanto ao endereço do abrigo — essa foi a forma que Tatiana encontrou para se precaver de situações como essa e, ao mesmo tempo, continuar a prestar a ajuda necessária aos animais em situação de rua. Enfim, meu primeiro encontro com Tatiana foi muito informativo, e, claro, me sinto desafiada a produzir um conteúdo diferente sobre os gatos de Odessa... quem sabe algo que conscientize mais as pessoas ou as motive a cuidar dos animais, ao invés de abandoná-los.

CONSTITUIR FAMÍLIA DE QUE JEITO?

Um belo domingo, combinamos de encontrar minha sogra na igreja. Quem me conhece sabe que, por não ser religiosa, para mim, igreja é fonte de história e cultura, ponto turístico, não mais que isso. Não fomos para a missa; o plano era simplesmente encontrar minha sogra e, de lá, irmos a um restaurante.

Por saber que se tratava de uma igreja ortodoxa, onde, por regra, as mulheres só podem entrar com um véu sobre a cabeça, assim que chegamos fiquei aguardando lá fora. Meu marido entrou para encontrar a mãe e, em seguida, voltou: "Minha mãe falou para você entrar". Com a permissão dela, entrei. Pensei comigo: *Se alguém achar ruim, agora tenho o respaldo da sogra, mas permissão divina não tenho não.*

Na igreja, fui apresentada a uma mulher muito simpática. Ao me conhecer, ela quis saber mais sobre mim e soltou inúmeros elogios: achou que eu era modelo, ficou encantada com o meu cabelo volumoso e cacheado e ficou em choque quando eu disse que já tinha 36 anos. Até aí, correu bem, apesar de eu não falar russo o suficiente para tranquilamente "bater um lero" com ela.

Sergei entrou em cena e, literalmente sem querer, caiu na conversa. A mulher queria saber mais sobre nós dois: como nos conhecemos, há quanto tempo vivemos aqui, aquela coisa toda. Agora, com a conversa rolando à minha frente, entre os dois nativos, eu já não entendia mais nada do que eles falavam — o diálogo era rápido demais pra qualquer coisa fazer sentido pra mim. Estranhei, no entanto, quando notei a expressão facial do Sergei mudando: ela foi ficando cada vez mais séria, fechada, até azeda, por assim dizer. Era óbvio que algo não ia bem, e Sergei estava claramente incomodado com a mulher. *Será que devo interromper a conversa?*, fiquei pensando.

O olhar dela, que havia algum tempo não se dirigia a mim, repentinamente se virou na minha direção e ela perguntou sobre minha religião. *E, agora, digo que não tenho religião ou falo que sou católica, já que fui batizada na igreja?* Não respondi uma coisa nem outra. Tentei sair pela tangente, informando que, no Brasil, a maior parte da população é católica. Dei a resposta crendo que mais detalhes não seriam necessários. Segundos depois, Sergei vira e pergunta em português pra mim: "Você quer se converter? Essa mulher quer te converter". Pronto, agora eu entendi o porquê da cara azeda dele. Sergei, assim como eu, detesta essa coisa de quem gosta de enfiar a religião na vida dos outros: siga a tua e boa, seja feliz. Não lembro com que palavras polidas respondi que "não" e, quando dei por mim, já estávamos saindo da igreja.

Lá fora, Sergei foi logo desabafando: "Não gostei daquela mulher". Mais tarde fui entender o porquê. Quando falaram sobre religião, a mulher presumiu que Sergei era ortodoxo (tal como a mãe) e que eu, brasileira, era então católica. Muito surpresa, a mulher então quis saber:

— Como vocês vão constituir família desse jeito? Um ortodoxo e um católico?

Ah, pobre alma, mal sabe ela que *nós dois* não temos religião. Não sei qual foi a resposta que Sergei deu, mas, qualquer que tenha sido, tenho certeza de que não foi a que ele realmente queria. Como sua mãe é bem atuante na igreja, ele mediu bem suas palavras para que o "mal-entendido" não gerasse alguma situação constrangedora para ela no futuro. Houve ainda outro comentário inesperado que a mulher da igreja fez ao Sergei:

— Você não deixa sua esposa sair.

Não sei com base em quê ela resolveu falar algo assim. Incomodado, ele retrucou:

— Como assim não deixo sair? Claro que deixo, ela é livre para ir aonde quiser, quando quiser.

De fato, Sergei me dá total liberdade e confia em mim, então sei que não preciso "pedir" pra sair. Afinal, em que mundo vivemos? Mas nada o preparou para a resposta ridícula que essa mulher podia dar. Afinal, como ela tem tanta *certeza* de que ele não me deixa sair? Ela respondeu:

— Eu vejo nos seus olhos que você não a deixa sair.

Ah, aí não tem mais jeito. Como argumentar qualquer coisa sensata com uma pessoa que baseia suas acusações no absurdo, no abstrato, no irracional? Não dá.

Queria eu que a barreira do idioma não existisse e essa mulher tivesse feito as perguntas pra mim, quem sabe assim eu poderia dizer o que eu penso? Aliás, "como vamos constituir família desse jeito"? Simples: "Com amor, com respeito e com educação. Não é a religião que une as pessoas e forma uma família: é o amor".

E você, o que teria respondido no meu lugar? Ela merecia uma resposta elaborada ou seria melhor dar as costas e sair andando?

TAXISTAS DE ODESSA

As conversas mais aleatórias que tenho aqui na Ucrânia acontecem, geralmente, com os taxistas; mas elas só acontecem quando estou sozinha. Se estou no táxi com Sergei, cruzo a cidade quase como um fantasma: o motorista não fala comigo e, até para confirmar o endereço, ele dirige a palavra ao meu marido sentado ao lado. Portanto, a viagem em casal acaba sendo supersilenciosa e extremamente perigosa – porque o taxista daqui só parece diminuir a velocidade se for para jogar conversa fora, caso contrário eles correm e cortam o trânsito como se não houvesse nem uma pausa para o xixi entre um cliente e outro. Convenhamos, talvez nem tenha.

Quando estou sozinha no táxi, porém, as chances de alguém puxar conversa são bem maiores – queria eu ter um microfone à mão e uma bola de cristal para saber quando começar a gravar todas essas interações.

Nunca fui desrespeitada por nenhum taxista aqui em Odessa; muito pelo contrário, a grande maioria das conversas é muito prazerosa, mesmo que limitada a um quebra-cabeça verbal de línguas que nem eu nem o taxista falamos direito – se por um lado eu tento falar russo, o taxista tenta falar inglês... quando tenta.

Eu, obviamente, não puxo conversa com taxistas daqui. É sempre o inverso. Imagina se resolvo puxar conversa com alguém que não fala nada em inglês?! Vai dar ruim. Sorte a minha, porém, que muitos taxistas não se incomodam com a possibilidade de eu não falar russo ou, então, talvez por acharem que sei pelo menos inglês, a conversa acontece.

As abordagens para o início de uma conversa geralmente se dão de duas formas:

1. Entro no táxi, percebo um olhar vindo pelo retrovisor e, de repente, a troca inesperada de olhar faz com que o taxista lance um "Hmm... esse nome não é daqui" ou "Que cabelo bonito! Você não deve ser daqui!".

2. Tem também aquele que, ao pedir para você confirmar o endereço, percebe pela sua fala que você não é fluente nem em russo nem em ucraniano, por isso você só pode ser "ou turista ou estudante". E eles sempre ficam impressionados quando digo que não sou uma coisa nem outra: "Sou casada com um ucraniano e moro aqui".

Muito bem, estamos às claras agora: o taxista sabe que sou gringa e não falo o idioma; eu sei que ele é ucraniano, russo, turco, egípcio ou qualquer outra nacionalidade... Como seguir adiante? Ou é fim de papo? Claro que não!

Uma das primeiras coisas que eles querem saber é "De onde você é?". E fala "Brasil" para você ver a reação! Cara, uma das coisas mais gostosas é presenciar quando alguém de fora abre o maior sorriso e fala aquele clichê todo que só mostra o lado bom do Brasil: "Carnaval! Futebol! Praia! Mulheres bonitas! Verão! Amazônia!". Não sei você, mas, mesmo sabendo do drama que reina no Brasil no campo político, eu prefiro que essa seja a imagem vista aqui fora do que a realidade, que já preocupa bastante quem vive nele.

Certa vez, no táxi, vim proseando com um taxista ucraniano. A viagem podia ter durado apenas quinze minutos, mas acho que o papo estava bom e ele nem se apressou — sorte a minha! Pois bem, mesmo sem que ele falasse inglês, seguimos o trajeto trocando nossos pontos de vista. Ele queria saber o que eu achava de Odessa, se as praias daqui eram boas como as do Brasil, se eu gostava da culinária ucraniana, como eu e meu marido nos conhecemos; enfim, o usual.

Eu estava sentada no banco de trás e olhava pra ele pelo retrovisor. Durante o trajeto, fiquei sabendo que esse taxista tem uma filha da minha idade, já divorciada e mãe de um menino de onze anos. Soube também que eles têm uma vida humilde e boa; com boas relações (relatos dele). Conversa vai, conversa vem, chegamos ao meu destino e simplesmente nos despedimos. Puxa, foi uma conversa tão legal. Você nem imagina o quanto valorizo essas pequenas interações. Sinto que ganhei meu dia só por ter conversado com alguém daqui.

No dia seguinte, enquanto eu passeava com as amigas brasileiras no centro de Odessa, de repente ouvi um "Paula?!". Olhei para trás e fiquei na dúvida: *Quem me chamou?* Reparei que havia dois homens de pé, parados, conversando na esquina. Aí um deles continuou: "Sou eu, do táxi de ontem, lembra?". Ohhh e não é que era ele mesmo?! Meu, ele até lembrou meu nome! Que legal! Meu vocabulário não ajudou na hora, eu mal sabia como reagir e o que dizer. Mas falei que fiquei feliz em vê-lo — mesmo tendo esquecido seu nome.

Em outra ocasião peguei um táxi com um rapaz do Egito. Ele havia perdido todas as suas economias durante uma das crises político-econômicas do país; depois, com a pandemia, perdeu seu terceiro negócio (de aluguel de carros) e veio tentar a vida como imigrante aqui na Ucrânia. "Não tem sido fácil, mas tem funcionado", explicou ele. Conversamos sobre vários assuntos, mas um deles me deixou levemente desconfortável. Quando eu disse que sou brasileira, seus olhos se arregalaram! Ele não tinha palavras suficientes para dizer o que achava das brasileiras:

— Com todo o respeito, mas as mulheres do Brasil são *muito sensuais*.

Sempre que alguém ressalta o quanto as mulheres brasileiras são bonitas, eu vergonhosamente agradeço e sorrio. "Vergonhosamente" porque acabo me inserindo no elogio. Mas, se ressaltam que as mulheres brasileiras são "sensuais", "*hot*" (quentes) ou algo do tipo... hmm, aí fico num certo desconforto.

Esse taxista, que já se relacionou com algumas mulheres daqui, fez vários comentários sobre o "padrão de beleza das ucranianas". Ele criticou a comum prática de preenchimento labial, o uso de botox para controlar rugas e diminuir as expressões faciais, falou sobre o quanto as mulheres daqui são interesseiras; que elas só querem homem com dinheiro, que elas só se arrumam para sair e que são mulheres que só vivem de aparências. Visão dele, não minha. Esse deve ser o tipo de mulher que ele conhece e com quem se relaciona. Vai saber.

Enfim, foi uma experiência interessante ouvir o que um homem imigrante que vive aqui há anos tinha a dizer sobre como ele vê os costumes e valores dos ucranianos.

Sempre me chama a atenção quando um taxista, que podia simplesmente ter feito a corrida em total silêncio, torna a viagem agradável só porque resolveu expor seu ponto de vista e experiências de vida. E essas foram só duas das muitas interações curiosas que tive andando de táxi aqui em Odessa.

CANTEI SEM SABER O QUE ERA

Ouvir música de bandas norte-americanas sempre me ajudou muito a aprender inglês. De pop a rock, eu adorava ouvir as *boy bands* do momento, que tocavam nas estações de rádio. Ah, eu repetia tudo, cantava tudo e sei que, por isso, aprendi a ter uma pronúncia melhor. Mas essa coisa de repetir é uma faca de dois gumes, porque você pode estar "pronunciando" melhor, mas, até realmente "entender" o que aquilo significa, você já saiu cantando muita coisa vergonhosa e de baixo calão no mundo. Quem nunca?

Se você achou que ia ser diferente com o idioma russo, se enganou. Música ainda é, na minha opinião, uma ótima forma de aprender novas palavras e lapidar a pronúncia de forma divertida. Pena que as prioridades da vida adulta não me permitam gastar mais tanto tempo ouvindo música enquanto acompanho a letra e canto em alto e bom som, dentro do quarto. Nem por isso, no entanto, eu deixo de cometer as falhas do passado: repetir a letra da música sem ter certeza do que ela significa. Já paguei mico com isso.

Certa vez, me aventurei a fazer um ensaio fotográfico aqui na Ucrânia. No estúdio, havia outra brasileira que também tinha se mudado recentemente pra cá. Lá estávamos nós, em uma das salas, enquanto a maquiadora aplicava seus truques em mim. Colocamos uma música ambiente e, entre canções brasileiras e ucranianas, passamos a ouvir Monatik em uma canção com a banda Quest Pistols Show.

Monatik é um cantor que traz aquela energia dançante das músicas do meu passado pop. Dá vontade de cantar, dançar e tudo mais. Lá estávamos nós, nos divertindo e repetindo inocentemente as palavras que pensávamos entender. Imagina onde isso ia dar...

O refrão de uma das músicas do Monatik dizia "мокрая девочка". Eu sabia que "девочка" significa "garota" e, pelo contexto, entendi que "мокрая" era algum adjetivo. Perguntei para minha amiga: "O que significa isso?". Naquela hora eu devia ter ouvido minha intuição dizendo para não sair cantando esse trem em voz alta, mas na inocência achei que não tinha nada demais. O que podia ser? Algo como "sexy, gostosa, linda"?

Era minha primeira sessão de fotos, e, para ter recordações daquele dia, pedi gentilmente para minha amiga gravar algumas cenas dos bastidores. Em vídeo ficou registrado a gente cantando e o exato momento em que eu perguntava pra ela "O que significa isso?". Ela não ficou muito segura da resposta, mas disse que era algo como "Mulher quente". De cara pensei: *Hmm, eu sei que* "красивая девочка" — que para mim soava parecido — *significa "garota bonita", então vai ver essa palavra* "мокрая" *é só um sinônimo.* Não me pergunte de onde tirei essa relação.

Enfim, lá estava eu, me divertindo em cantar diante da câmera "Мокрая девочка", e minha amiga também, filmando e cantando. A maquiadora, ucraniana, se divertia silenciosamente, só observando enquanto fazia seu trabalho. Eis que minha amiga ainda pergunta durante a canção:

— Quem é a "мокрая девочка"?

E eu, naquele cenário, me achando linda enquanto me preparava para a sessão de fotos, respondi:

— Eu, eu! — disse em russo.

Beleza, sem grandes surpresas até aí. Terminei a sessão de fotos e, em seguida, publiquei esse vídeo e outras fotos no Instagram, mas fiquei com a pulga atrás da orelha. Assim que cheguei em casa, resolvi perguntar para o marido o que significava "мокрая девочка". Aí ele diz:

— Nossa, jená, isso não significa "garota quente" não. Significa "garota molhada".

Molhada?! Que vergonha! Imagina se tenho cara de quem sai por aí cantando "garota molhada" e dizendo "Essa sou eu"!?! Deletei o vídeo *na hora* e fiquei tentando minimizar as possibilidades de alguém no meu Instagram ter tido qualquer noção do que eu dizia: *Quem me segue no Insta que sabe russo e português? Quase ninguém. Ufa!*

A verdade é que encerrei o dia feliz pela experiência do ensaio, mas lamentei não ter prestado mais atenção no que eu cantava. Vergonhas à parte, foi divertido. Hoje só concluo que a vida continua ensinando e, olha aí, aprendi mais um adjetivo em russo: "мокрая" (molhada). Não vou esquecer jamais!

CONVITE À AUTOESTIMA

Não aconteceu, mas foi importante mesmo assim. A vida também funciona dessa forma: às vezes até aquilo que não é concretizado serve para trabalhar a autoestima: como um concurso em que você foi reprovado, mas a colocação foi melhor do que imaginava; uma proposta de emprego que não foi adiante, mas que valeu pelo networking e pela oportunidade de mostrar seu portfólio; um presente feito a mão que não ficou como você queria, mas que foi tão bem recebido que você passou a admirar mais seu próprio esforço. É, a vida tem dessas.

Alguns meses atrás isso aconteceu comigo: fui convidada para trabalhar como modelo em uma sessão fotográfica, mas perdi a oportunidade porque fiquei doente. E quer saber? Isso teve seu valor mesmo assim! Eu, que sempre tive problemas com a autoestima por causa da minha cor, do meu cabelo; eu, que nunca tive ambição nenhuma de trabalhar como modelo; que, na adolescência, alisava o cabelo pra viver de coque e calça big... quem diria! Aos 36 anos, alguém me achava bonita o suficiente para ser modelo! Que doideira!

Meses atrás, motivada pelas impressões positivas que pareço causar aqui na Ucrânia e também nesse impulso de viver a vida mais intensamente, resolvi fazer um ensaio fotográfico para mim mesma. É, "coisa de adolescente", eu diria. Mas por que não? Então, lá fui eu, vasculhando o Instagram à procura de um fotógrafo que fosse "bom e acessível". Por que contratar um megaprofissional se, na minha cabeça, eu dizia "*Fotógrafo não faz milagre, Paula. Se a modelo não presta, a sessão de fotos vai ser dinheiro jogado no lixo"*? Impressionante o que a gente diz para si própria quando bate a insegurança.

De qualquer forma, encontrei a pessoa que eu queria: a Alina, uma jovem e talentosa fotógrafa que cobrava míseros 125 reais por duas horas de ensaio em um estúdio. A Alina pingou no meu Instagram por meio de um anúncio e, quando vi seu portfólio, fiquei impressionada com as fotos que ela fazia; pareciam cenas de filme. Seu portfólio não era uma sequência de mulheres loiras da boca grande fazendo caras, bocas e bundas para parecerem sexy. Embora, confesso, eu quisesse sim conhecer a Paula que existe em mim e que não fosse apenas alegrias e sorrisos. Essa Paula "Colgate" eu vejo todos os dias, em todas as fotos: eu, sorrindo.

Eu queria me lançar a esse desafio, mas estava perdida. Nunca na vida havia contratado uma sessão de fotos e lá estava eu, num país onde não domino o idioma, tentando acertar tudo: contratar fotógrafo, maquiador e estúdio. Foi tenso, me senti insegura em muitos momentos, mas deu certo!

Também acho que dei muita sorte: a fotógrafa teve paciência para me orientar sobre o que fazer e como posar, a maquiadora Tanya já me conhecia de uma outra ocasião e a moça do estúdio era muito simpática. Nenhuma delas falava inglês. E, claro, para o grande dia, convidei Letícia, outra brasileira que vive aqui na Ucrânia, para me dar um apoio moral. *Se o ensaio acabar sendo um fiasco, que pelo menos seja uma experiência divertida*, pensei. Na pior das hipóteses, eu posaria aquilo que mais se destaca em mim: meu sorriso largo.

Enfim, ensaio feito! Me senti orgulhosa, pois o fiz para mim mesma, fiz para conhecer um lado meu que eu desconhecia. Até acabei tendo mais apreço pelo trabalho "superficial" das modelos, pois, no dia seguinte à sessão, eu fiquei toda dolorida. Fazer aquele monte de poses "matadoras" vem às custas de esticar a perna para um lado, o braço para outro, o quadril de um jeito, a barriga para dentro, as costas firmes... *Olha o ângulo, Paula! Olha o ângulo!* Foi um exercício e tanto para esta sedentária aqui.

Postei algumas fotos nas redes sociais e até tentei contato com três agências de modelo; mais por diversão do que por extremo desejo. Nenhuma delas trabalhava com "modelos velhas". OK. Eu sabia que era muita ousadia da minha parte meter a fuça em qualquer agência. Mas por que não tentar, não é mesmo?

Cerca de dois meses se passaram e, num belo dia, recebi uma mensagem em inglês no meu Instagram. Era um convite para participar de uma sessão de fotos! A empresa é daqui de Odessa e faz fotos para revender em plataformas como o Shutterstock. Li a mensagem, fiquei em dúvida sobre como proceder ou o que perguntar e aguardei chegar em casa para falar com meu marido. De repente, minutos após eu ter lido, uma das pessoas da empresa me encaminhou uma mensagem através de seu perfil pessoal, desta vez em russo, reforçando o convite. Nossa! Fiquei tão feliz com o convite que acho que até de graça eu teria feito! Para ficar ainda melhor, a pessoa iria pagar para que eu participasse do ensaio!

Como essa pessoa me achou? Achei que tivesse a ver com as fotos do ensaio que eu havia feito meses antes. Vai ver eu postei e alguém viu. Só que o mais maluco da situação toda é que recebi a mensagem pela minha outra conta de Instagram, onde eu não havia postado nenhuma foto daquele primeiro ensaio. Só mais tarde reparei que a moça que escreveu pra mim em russo já me seguia no Insta havia tempos! Eu não sabia quem ela era ou quando ela começou a me seguir, mas nem me importei; afinal, não sigo de volta toda e qualquer pessoa que me adiciona. Vai ver ela estava de olho em mim.

Uau! Eu estava me sentindo honrada e ousada! Aos 36 anos, mulher negra, de cabelo crespo, depois de uma vida tentando ficar em paz com minha autoestima, eu estava recebendo um convite porque, em linhas gerais, alguém acreditava que eu era bonita o suficiente para ganhar dinheiro às custas da minha aparência. Parece bobo, mas foi muito significativo pra mim. Queria eu ter conquistado minha autoestima por conta própria, sem depender da opinião alheia, mas foi assim e teve um resultado muito positivo.

Nos dias seguintes àquele primeiro contato, fomos acertando tudo: dia, horário, roupa e tudo mais. Porém, ironia do destino, fiquei com faringite bem na semana em que deveria ocorrer o ensaio. Tive que cancelar. Uma crise de tosse em pleno ensaio, em plena pandemia, seria um desastre. Ah, lamentei muito. Fiquei triste mesmo. Senti como se a "grande oportunidade" tivesse sido jogada no meu colo e, de repente, desaparecido como num passe de mágica.

É, o ensaio nunca aconteceu, mas foi importante mesmo assim.

O QUE OS OLHOS VIRAM E O CORAÇÃO SENTIU AO RETORNAR AO BRASIL

No dia 28 de agosto de 2021 retornei ao Brasil e, passadas duas semanas, finalmente consegui refletir melhor sobre essa experiência do "voltar". Eu nunca havia passado tanto tempo longe daquilo que sempre foi minha realidade: a casa, o bairro, o círculo de amigos, a família, os gatinhos e, claro, até os problemas corriqueiros, como as extensas filas do correio, os congestionamentos do fim de tarde, as inúmeras ligações de spam pelo celular e as preocupações reais de um país que exige que estejamos em alerta, por exemplo, diante dos perigos de um assalto em plena luz do dia.

Quando decidimos que eu voltaria (temporariamente) ao Brasil, meu marido logo se indagou quais seriam minhas percepções. Isso porque ele próprio, quando retornou à Ucrânia após viver anos no Brasil, se surpreendeu com situações do cotidiano e com certos aspectos da sua cultura que não havia percebido antes — talvez porque, quando a gente cresce tão inserido num contexto, fica difícil "ver de fora". E sair, se distanciar, também é importante para calibrar esse olhar e entender onde colocamos nossas (pré)ocupações.

A casa

Mamãe deixou tudo preparado para minha volta. No banheiro, esponja ainda embalada, sabonete novo, um novo conjunto de toalhas e o armário todo reorganizado — *Hmm, alguma Marie Kondo passou aqui.*

A cama é a mesma, onde ainda está à minha espera aquele colchão novo e mal escolhido para me lembrar que noites duras virão pela frente; mas quarto é quarto, guarda tudo o que tem o cheiro da gente, as fotos que a gente escolheu pendurar na parede e os pequenos bibelôs trazidos de diferentes lugares e que nos aquecem a alma com boas recordações. "Olá, quarto! Olá, casa! Estou de volta!".

Se, por um lado, a casa é o primeiro espaço de vivência desse retorno, todo o restante que acontece lá fora é o entorno, é o que nos força a olhar para aquilo sobre que parecemos ter tão pouco controle: os serviços e desserviços de um país caótico, tensionado e polarizado. Nesse sentido, é visível que o país piorou. E haja saúde mental para viver no meio de tudo isso.

O Brasil não deixou e nunca deixará de ser "o meu país", o berço da minha cultura e tudo aquilo que normalizei. Mas voltar após essa pequena vivência fora me faz sim analisar certas situações e atitudes do nosso povo.

Por exemplo, se, por um lado, na Ucrânia furar fila parece algo usual, por outro lado, os ucranianos são mais desbocados e chamam a atenção na cara dura. Criança correndo pelo restaurante? Falando alto? Eles não ficam "cheios de dedos" para exigir bom senso: a bronca vem dura, olho no olho.

Já, no Brasil, numa extensa fila do correio, um rapaz atrás de mim se pôs a ouvir umas baboseiras pelo celular: vídeo de pegadinhas, programa de barraco entrevistando o marido que tentava "justificar" por que bateu na mulher, umas músicas bem aleatórias e outras coisas mais... Tudo em alto e bom som, sem o bendito fone de ouvido. Imagina se todo mundo ali tivesse tido a mesma ideia?! Na Ucrânia, quiçá por sorte, não vivi nada igual.

Enfim, a fila inteira sabia o que ele estava assistindo. Ah, como senti falta de um ucraniano por perto para chamar a atenção dele. Queria eu ter tido a coragem de exigir um pouco de empatia. Poxa, enfrentar fila, em qualquer lugar que seja, já é chato, estressante; ouvindo a bobagem desordenada dos outros só azeda ainda mais o dia. Mas seja mulher no Brasil e peça a um homem para baixar o volume ou usar um fone de ouvido... é o medo do tapa na cara!

Esse rapaz, no entanto, era só mais *um* da fila, o único *ruído* entre os outros trinta que estavam ali quietinhos como eu, aguardando sua vez no caixa. E, apesar de eu sempre me estressar quando encontro pessoas assim, ao retornar da Ucrânia, fiquei foi muito mais surpreendida com aquela coisa que a gente sempre ouve dizer sobre o povo brasileiro: a simpatia.

Os ucranianos podem até ser formais e respeitosos, mas ser simpático, agradável e caloroso já faz parte do atendimento padrão do povo brasileiro. Aquele "bom dia" olhado nos olhos e o sorriso largo vem primeiro, vem de graça e a gente percebe mesmo debaixo de uma máscara N95. Eles quase fazem a gente esquecer que o desemprego chegou a quase 15% este ano no país ou que a inflação continua subindo. *Felicidade esbanjada na cara de quem ainda tem emprego?*

Aqui no Brasil é assim: na compra do pão na padaria, no caixa do supermercado, na lojinha do shopping e na consulta médica, à sua frente, do outro lado do balcão, tem alguém que vai tornar aquela sua outra tarefa chata do dia a dia um momento leve, prazeroso. Pequenos gestos que contam. Eu prefiro assim. "Olá, Brasil! Olá, brasileiros!".

MASTERCLASS DE CERÂMICA

Eu sabia que não podia deixar a ansiedade e a insegurança controlarem minha vida, mas, quando me mudei para a Ucrânia, trouxe uma mala cheia delas; e, para uma comunicadora como eu, o medo de não conseguir me expressar ou de pedir uma informação era quase paralisante.

"Inglês ajuda?", você me perguntaria. Ajuda, mas encontrar um profissional da área de beleza, um médico ou um taxista que fale inglês por aqui é questão de sorte ou boa indicação. Não havia outra saída: eu tinha que aprender russo ou ucraniano e, enquanto não conseguisse me expressar sozinha, qualquer interação com os locais continuaria envolvendo uma boa dose de ansiedade.

Será que o taxista vai perguntar alguma coisa (em russo)? E se ele ligar para informar que eu preciso esperá-lo em outra rua, outra esquina? Como eu vou entender?, meu coração batia mais acelerado só de pensar. Mas foi também por isso que resolvi atacar o problema e, tão logo cheguei a Odessa, comecei a fazer aulas de russo. *"This is the way"* ("Esse é o caminho"), diria Mandalorian.

Aos poucos fui percebendo uma das vantagens de viver em um país onde o custo de vida é (para nós) mais baixo. Odessa é uma cidade grande, quase 1 milhão de habitantes e, aqui, a oferta de produtos e serviços é enorme. Há curso de tudo! Entendi então que era hora de começar a tirar proveito dessas oportunidades.

Um belo dia, pesquisando pelo Instagram, deparei com uma *masterclass* de cerâmica aqui em Odessa. Aquela cena do filme *Ghost* logo me veio à cabeça! Não que eu idealizasse Patrick Swayze me envolvendo com seus braços fortes enquanto eu moldava um vaso, mas acredito que aquela foi a primeira vez que vi como era feito um vaso de cerâmica. Fiquei encantada! *Talvez fosse como brincar com massinha de modelar, só que mais primal, mais envolvente e até mais divertido!* Quando assisti ao filme, eu sabia que um dia na minha vida eu teria que fazer aquilo! Mas como participar de uma *masterclass* de cerâmica sem falar russo?

Era um misto de emoções: eu estava superanimada com a ideia de finalmente realizar esse desejo, mas ao mesmo tempo estava pensando que pareceria irresponsável da minha parte me inscrever para uma aula onde eu possivelmente não entenderia mais do que algumas frases que a professora falasse. *Ela vai achar que estou fazendo ela perder tempo... ou vai ver eu estarei perdendo meu tempo?*, eu me questionava. Mas a minha ousadia ganhou força no conforto do meu marido, que dizia: "Na pior das hipóteses, você copia o que ela faz. Ponto". Me convenci de que ele estava certo.

A *masterclass* seria uma aula particular, o que minimizava as chances de um vexame em grande escala. Fui à aula como quem parte para uma missão. "Me deseja boa sorte", eu disse ao marido enquanto saía pela porta. A corrida de meia hora de táxi para uma área mais afastada da cidade começou a me deixar um pouco tensa. O taxista, por sua vez, perguntou aonde eu iria e tive a chance de dizer "Я никогда не была там" ("Nunca estive lá"), frase curtinha, dita em russo, que eu já havia memorizado para o caso de qualquer indagação.

Chegando na casa/ateliê, conheci Ksenia, a professora. Ela pouco falava inglês e eu pouco falava russo. Eu sentia que a havia inserido em um desafio sem a permissão dela. *Será difícil pra mim, mas talvez também seja complicado para ela ter que lecionar para alguém que não fala o mesmo idioma*, pensei.

Eu queria pedir desculpas pelas possíveis desconfortáveis horas que viriam a seguir, mas ela foi mais rápida do que eu e, assim que entrei no ateliê, ela me disse: "Me desculpa, meu inglês não é bom". Uau! Aquela tensão que eu carregava no corpo atenuou e meu coração até desacelerou! Para não perder o timing, de imediato compartilhei que o pesar era meu, pois eu é quem não falava russo.

Daí em diante, a aula seguiu com muita leveza. Quando foi necessário, fizemos mímica e consultamos o Google Tradutor; o restante foi "mãos na argila". Voltei para casa realizada e orgulhosa de mim mesma por ter concluído a missão.

Oito meses tinham se passado quando recebi um convite de Ksenia para retornar à sua casa, para tomarmos um chá e pintarmos dois potinhos de cerâmica que eu havia feito — sim, ela havia guardado os potinhos. Aceitei o convite e me dirigi à casa dela, desta vez mais confiante, pois, mesmo não sendo fluente em russo, já me sentia mais capaz de entender o que ela poderia dizer.

Ao chegar no ateliê, fui recebida por uma "nova Ksenia"... *que falava inglês!* Puxa, como fiquei feliz de ver o quanto ela aprendeu nesses últimos meses! Hoje ela fala com muito mais segurança e desenvoltura. Não precisamos mais de mímica e nós só usamos o Google Tradutor uma vez! Mas o mais interessante foi o que nós pudemos compartilhar, agora que o idioma não era mais uma barreira, mas uma ferramenta para nossa comunicação.

Ela me disse que, quando fiz aquela aula com ela, no início do ano, havia apenas três semanas que ela tinha começado a estudar inglês com uma professora particular. E foi especialmente surpreendente quando ela disse que, ao receber minha mensagem, demonstrando interesse na sua *masterclass*, ela havia ficado *supernervosa*! Assim como eu, ela também correu para o marido para expressar sua ansiedade: "O que eu vou fazer? Como vou explicar para ela?", Ksenia perguntou pra ele. Até *print* na minha mensagem ela deu e enviou à professora de inglês, para que ela soubesse do desafio que estava adiante.

Que bacana foi conhecer a perspectiva que ela teve desse mesmo evento! Claro, na minha visão só cabiam os meus medos, as minhas preocupações e, por achar que a culpa era minha por não falar russo, eu nem sequer parei para pensar que talvez aquela aula fosse simbólica para ela também. Olhando em retrospecto, fico imaginando a ocorrência dos fatos: enquanto, de um lado da cidade, eu buscava conforto e motivação nas palavras do meu marido, horas mais tarde, ao receber minha mensagem, ela fazia o mesmo, lá do outro lado.

Quantos aprendizados! Quando nos conhecemos, ela mal falava inglês, e diante dela estava sua primeira aluna estrangeira. Eu, da minha parte, falava pouco russo e fazia minha primeira aula de cerâmica. Agora, passados oito meses, ambas experimentamos a sensação de orgulho e autonomia por conseguirmos nos expressar melhor.

Que continuemos aprendendo, e quem sabe um dia possamos fazer uma nova *masterclass* totalmente em russo.

MODELO NA UCRÂNIA?

Sempre que me via, meu vizinho costumava dizer que eu parecia a moça do mercado Boa. A primeira vez que ele me disse, não consegui entender. "Qual moça?", perguntei. "A moça da entrada."

Sim, só existia *uma* moça da entrada. Ela era uma mulher negra, de cabelo crespo e muito simpática. Durante muitos anos, ela desempenhou sua função no supermercado, sempre recebendo os clientes com sua inabalável simpatia. Um dia, porém, não a encontrei mais lá. Seu local de trabalho, o banner gigante que vivia ensolarado, foi removido e, no seu lugar, deixaram apenas uma parede vermelha, sem ninguém. Fiquei triste; o sorriso dela era como um cartão de visita desejando boas compras.

Cheguei a ver a "moça do BOA" em outros lugares: ela serviu de anúncio para casa lotérica, para escola de idiomas, para agência de viagens e até de *flyer* informativo sobre gravidez. Bem versátil a moça. Nunca soube o nome dela, mas, sempre que a vejo, a reconheço e penso: *Olha aí a moça do BOA!*

É verdade, a primeira vez que vi a moça do BOA eu achei que ela fosse *exclusiva*, do tipo que "Só o BOA tem". Talvez ela até fosse gente nossa, brasileirinha; tinha tudo pra ser, tudo bem óbvio — se me permite generalizações. Mas foi o destino quem me permitiu perceber que ela era simplesmente comprada; não era exclusiva, nem *contratada*. Pois é, com a mesma blusinha verde e calça jeans, ela trabalhava em todo lugar! Em toda foto dela que eu via, ela usava a mesma roupa. *Quanta coincidência, não?!*

Ah, então finalmente entendi: as fotos dela não haviam sido feitas *só* para o mercado; elas estavam aí para quem quisesse comprar e usar, disponíveis em algum banco de imagens. *Que bizarro! Quem é ela?*

Em agosto de 2021, eu havia recebido um convite para trabalhar como modelo. Daquela vez não deu certo, mas, em outubro, a oportunidade surgiu novamente e aquela foi, sem dúvida, uma das experiências mais inusitadas que aconteceram comigo aqui na Ucrânia.

Um belo dia, pelo Instagram, recebi a mensagem de uma pessoa que dizia vender retratos pelo Shutterstock (uma das plataformas para venda de fotos e vídeos). Ela disse que eu tinha um rosto bonito e perguntou se eu tinha interesse em participar de uma sessão de fotos. Serviço pago por hora, sem requisitos prévios e totalmente vestida. *Por que não, né?* É claro que aceitei! E, mais uma vez, lá fui eu: equilibrando a insegurança e a ousadia.

Sozinha, peguei um táxi e me dirigi para o estúdio fotográfico, localizado em um bairro um pouco afastado da cidade. Chegando lá, conheci a moça que conversou comigo pelo Instagram e o fotógrafo. Pessoas reais, estúdio real. Não era golpe. Li os termos do contrato (em inglês) com calma e assinei. A sessão de fotos começou e, quando me dei conta, já havia acabado! Foi modo *linha de produção*! Não tive tempo nem para pensar em timidez.

Fui instruída sobre como fazer as fotos e como fazê-las com rapidez. Posicionada num fundo colorido, eu tinha à minha frente um *tablet* que exibia uma sequência de fotos de pessoas fazendo diferentes expressões, posições e interações com objetos. Por vezes, alguma orientação me era necessária. Uma vez ouvi "Ombro para trás!", mas a instrução mais frequente que ecoava no estúdio era "Sorria, sempre sorria". E eu que achava que já sorria demais.

É para simular uma conversa por telefone? Sim, mas sorrindo!

É para simular uma compra com o cartão de crédito? Sim, mas sorrindo!

Tudo sorrindo!

No estúdio não havia mais ninguém: só eu, a produtora e o fotógrafo. Com música ambiente, me senti à vontade e até dei meus *gritinhos* para ajudar na execução de algumas poses. Afinal, como fazer de conta que você está contando uma boa notícia pelo megafone sem de fato *dizer* algo legal?

O que eu gritei?, você me pergunta. Na hora só me ocorreu de dizer "*I won the lottery*" ("Eu ganhei na loteria"), frase que definitivamente *ninguém* deveria gritar se fosse verdade. No fim, achei a experiência toda muito divertida e fiquei animada com a possibilidade de fazer mais fotos para eles. *Eu, modelo aos 36?* Coisas que nunca imaginei nesta vida...

Cerca de três semanas mais tarde vi algumas fotos daquele ensaio no site da Shutterstock. Elas estavam lá e era eu mesma! Que sensação engraçada e bizarra ao mesmo tempo! Eu sei que aquela sou eu, mas quem mais saberá? Para a grande maioria, quem está naquela foto não é mais a *Paula*, mas sim uma mulher negra, de cabelo crespo e muito simpática. Opa! Será que estou me tornando "a moça do BOA"?

Passei a examinar cada foto daquele serviço que fiz com um olhar diferente. Fiquei imaginando em quais contextos alguém poderia estampar minha cara em um anúncio e em que lugares do mundo aquelas fotos poderiam ser usadas sem eu nunca saber... É um pouco estranho pensar nisso. Talvez eu acabe na revista de uma imobiliária, no cartaz de uma loja de R$ 1,99 ou no banner de algum internet-banking. Não saberemos. Talvez eu me torne mesmo "a nova moça do mercado".

Ficou muito claro pra mim que existe uma enorme demanda por essas fotografias e que os requisitos para esse tipo de modelo são diferentes daqueles que a gente está acostumado a ouvir. Não é preciso ser menor de idade, ter altura para passarela e nem caber num jeans 36. Maravilhoso, isso! Ótima oportunidade também para os estilosos senhores de barbas grisalhas e mulheres que continuam lindas e confiantes mesmo com todas as marquinhas que a vida deu.

SALVEI MEU MARIDO DE UM ATAQUE

A passos firmes, Sergei e eu atravessávamos as ruas próximas ao mercado Privoz. À nossa volta, todo tipo de gente: dos mais velhos às criancinhas e dos apressados aos não atarefados. Na calçada por onde caminhávamos vimos um senhor. Ele parecia irritado, não parava em pé e também não parava de falar sozinho. Bebida? Muito provavelmente. Passamos por ele com aquela falsa certeza de que nossas vidas nunca mais se cruzariam.

Aguardávamos para atravessar a rua quando, de repente, ouvi o esbravejar daquele senhor bem próximo a mim. Olhei para trás e o vi segurando o Sergei pelo braço esquerdo. Na outra mão do homem: o punho fechado. Ele se preparava para dar um soco no meu marido. Não sei o que o irritou, mas ele estava prestes a concretizar o golpe. *Isso só pode acabar mal*, pensei comigo.

E, então, não sei se o que aconteceu foi reflexo ou o quê. Na minha cabeça, como num flash, eu vi a história toda em frames: "Um homem nervoso, descontrolado, segura meu marido, meu marido de mãos ocupadas e *eu* tenho uma mão livre. O homem pode 'dar um soco', meu marido pode 'tomar o soco'... hmm, e se alguma coisa acontecer com Sergei?! E se Sergei retrucar? O que eu faço?! Socorro!". Porém, naquele mesmo instante em que eu imaginava o pior, na vida real eu já agia: puxei o Sergei para próximo de mim e disse ao homem *"Hey! Stop it! What are you doing?"* ("Hey! Pare! O que você está fazendo?").

O olhar dele, antes cheio de raiva e destinado ao Sergei, agora vinha em minha direção. Claro que novamente imaginei a história toda: "Um homem nervoso, descontrolado, olha pra mim, ele pode *me dar* um soco, eu posso *tomar o soco* e aí"... *Hmm, será que eu devia ter chamado a atenção dele? Agora aguenta, Paula.* Porém, o que veio dele foi um olhar confuso, como se o cérebro dele tivesse congelado por um instante. Em retrospecto, acho que ter falado em inglês atrapalhou seu fraco raciocínio. E que bom que foi assim, pois ele também esqueceu a razão da sua raiva e acabou soltando o Sergei.

Eu bem que queria que a cena toda acabasse aí, mas não acabou.

Aquele senhor foi incomodar outra pessoa, e eu e Sergei, que seguimos viagem, logo começamos a dizer gracinhas entre nós sobre minha "corajosa" ação em salvá-lo de um possível soco de um homem que mal parava em pé — enfim, tive meu momento heroína, deixa eu cantar vitória.

E, apesar de parecer engraçado fazermos piadinhas sobre "a esposa que salvou o marido", rimos ainda mais depois que aquele senhor voltou a nos abordar. Desta vez ele veio intimidar Sergei com uma expressão gutural raivosa e incompreensível. Eu não estava muito certa sobre o que fazer desta vez: *atravessar a rua ou responder ao homem (de novo)? Melhor continuar andando e não dar atenção.*

De repente, ouvi uma mulher dirigindo palavras àquele homem desequilibrado. Vou te dizer, ela parecia tão furiosa e determinada quanto ele. Tentei ver quem era a pessoa que o ameaçava e vi uma senhora em torno dos oitenta anos, baixinha, de lenço na cabeça, com um guarda-chuva na mão. Ela dizia em russo "Deixa eles em paz ou eu vou bater na sua cabeça!". Fiquei surpresa! *Uau, obrigada, senhorinha brava e em nossa defesa!*, pensei comigo.

Aí, voltando para casa, eu e Sergei rimos pensando nas manchetes daquele dia: “Mulher salva marido” e “Casal é salvo por senhorinha”.

A gente ri, mas é assim: estamos cercados de heróis na vida real e ninguém precisa de um superpoder. Às vezes, basta um guarda-chuva. Naquela tarde, nos livramos de um soco.

UCRÂNIA: O NOTICIÁRIO E A REALIDADE

Hoje é 16 de fevereiro de 2022 e todo mundo quer saber: "Como anda o clima de tensão na Ucrânia?".

As manchetes da mídia internacional descrevem um cenário de extrema ansiedade, narrando a angústia de pessoas que desejam deixar o país ou mostrando a história de mães dispostas a disparar o primeiro tiro de suas vidas para defender a existência de sua família e de sua nação.

Existe, porém, o que é a representação (enviesada) dessa realidade que viaja o mundo atendendo a interesses específicos, e existe a realidade de voz plural e ponderada de quem vive aqui na Ucrânia e cujas experiências narradas (e quase silenciadas pela mídia) não servem ao interesse de nenhuma empresa de comunicação, ideologia ou necessidade mercadológica.

Me lembro de quando iniciei meus estudos em jornalismo e de aprendermos o que torna um fato notícia por meio daquela máxima: "Se um cachorro morde um homem, não é notícia, mas, se um homem morde um cachorro, isso é notícia". Isso é muito real também nos dias de hoje, por isso entendo que "uma mãe que faz aula de tiro por medo de uma guerra" vire sim notícia.

Mas a questão é: se o intuito da matéria é realmente responder "Como anda o clima de tensão na Ucrânia?", não acho que seja pegando esses casos excepcionais que os jornalistas responderão com parcimônia sobre como *realmente* têm vivido as pessoas em diferentes cidades da Ucrânia.

Vivendo aqui neste momento de crise, por não ser fluente em russo ou ucraniano, tenho acompanhado principalmente o noticiário internacional (do Brasil, Estados Unidos, França e Alemanha). Portanto, vejo com clareza (e muita surpresa) a forma como o noticiário "pinta" a realidade do dia a dia na Ucrânia.

A mídia internacional ocidental está lá, fazendo o seu trabalho, que, segundo ela, é a descrição fiel, objetiva e imparcial da realidade, mas o resultado, muitas vezes, é só a representação vista por um ângulo. E a matéria, para sair na frente, ficar em alta, dar cliques e gerar engajamento, precisa te causar alguma emoção e reação. Então sim, você, leitor, está sendo manipulado quando "opta" por clicar na matéria que diz "Imagens arrepiantes mostram crianças ucranianas aprendendo a disparar armas em meio a alegações de que as forças russas planejam invadir a qualquer momento", mas se "desinteressa" quando a manchete diz "Por que eu deveria sair?" — expatriados na Ucrânia sem pressa para partir".

A vida de quem ficou na Ucrânia, pelo olhar da mídia

Diante de tanta tensão geopolítica, é pela mídia que a tensão realmente se estabelece. É como se aos poucos, de notícia em notícia, fizessem questão de convencer o mundo de que aqui já paira o terror.

Mas como ser sensato? Como mostrar que, neste exato momento, existem sim pessoas assustadas, mas ser verdadeiro ao mostrar que elas são minoria? Que o dia a dia da população, pelo menos em Odessa, ainda é repleto de atividades habituais: famílias passeando na praia, crianças brincando de bola, artistas tocando nas ruas, clubes com música e dança?

Como passar a ideia de que há quem faça aulas de tiro e sobrevivência, mas que, nas ruas, quase nada mudou? Aqui em Odessa não há militares andando pelas ruas, não há orientações à população sobre o que fazer em caso de ataque, as pessoas não estão fazendo estoque de alimentos em casa, os mercados continuam com as prateleiras cheias e o assunto que surge nas conversas aleatórias ainda é muito comumente a covid. Porém, de modo geral, quando vejo a mídia tentando mostrar como têm vivido as pessoas aqui, ela nem sequer menciona essas informações.

Chego à conclusão de que o equilíbrio da descrição vai depender muito não só do canal de comunicação, mas dos jornalistas e suas equipes. Que eles ajam com mais humanidade, pois suas palavras facilmente generalizam e espalham terror.

Fico imaginando como os amigos e familiares no Brasil têm recebido as informações urgentes sobre a Ucrânia e sobre "a guerra que está prestes a acontecer". Quem assiste em casa só pode pensar uma coisa: *sai daí!!*

E, apesar da relevância dos fatos, das intermináveis negociações entre Putin e outros países membros da Otan, o noticiário silencia ou (indiretamente) faz parecer insano quem, diante desse contexto, saiu para comer uma torta na cafeteria, com a família, num final de tarde. Fazem isso como se não houvesse espaço para felicidade e distração enquanto "essa gente grande" define quem "entra pra roda ou não".

Vi muitas matérias reforçando o clima de pânico na população e pouquíssimas que mostrassem as pessoas vivendo seu dia a dia levemente; por isso achei melhor me pronunciar, compartilhar minhas vivências e, assim, tentar combater aquilo que acho injusto e exagerado. Vivo e trabalho aqui, e, assim como a maioria da população, sigo o dia a dia de forma praticamente normal. Não estamos de olhos colados na televisão aguardando o anúncio "O ataque se iniciou"; muito pelo contrário, diante dessa situação, o mais sadio a fazer é não se entregar ao medo e desespero. Meu medo não vai impedir uma guerra.

Sou da opinião de que quem está assustado, com medo, deve buscar paz (mental e de espírito) e deixar o país, se for possível.

Mas aqueles que decidiram ficar (ou que não puderam partir) têm mais é que encontrar meios de viver bem. Se entregar ao medo, seja por guerra ou doença, não é a solução para ninguém.

E, com isso, não quero dizer que o medo não exista. Existe sim. Às vezes ele bate e te faz questionar suas escolhas e valores, mas acho que o medo não pode ser simplesmente vivido; ele precisa, de alguma forma, ser útil e, assim, ser usado para nos auxiliar a tomar uma atitude racional, consciente.

Por medo e precaução, eu e meu marido havíamos feito "o ato quase simbólico" de separar uma bolsa com dinheiro e documentos essenciais para o caso de termos que partir em emergência, mas conversamos *muito* e balanceamos onde estavam nossos medos e nossa crença. *Acreditamos* na possibilidade de um acordo diplomático que garanta a paz e a soberania da Ucrânia, e essa crença é, por enquanto, maior do que o nosso medo. Por isso decidimos ficar.

RESISTÊNCIA

A DIFÍCIL DECISÃO DE FICAR EM UM PAÍS EM GUERRA

Vinte e oito de fevereiro de 2022, cá estamos, vivendo o que eu acreditei que seria apenas uma grande ameaça. Agora ela é meu pior pesadelo e estou acordada: vendo, ouvindo e sentindo tudo. E, mesmo diante de toda essa insanidade, ainda tenho que reconhecer que aqui, neste exato momento, a situação em Odessa é menos crítica do que em outras cidades. Mas a guerra está acontecendo aqui também, não se engane. O silêncio rege a maior parte do tempo e, de repente, é interrompido por uma eventual explosão ou pelo toque de recolher.

O risco existe, é real. E é do vulnerável apartamento no décimo andar que assisto, pela parede toda envidraçada, como anda a situação lá fora. Fico observando o céu, tentando entender o que se passa. Da sacada com vista para o mar Negro, meus olhos correm, tentando enxergar qualquer barco ou navio. Não há nada. E, quando ouço uma explosão, meu coração bate com a parede do apartamento que vibra. É assustador sim, principalmente à noite.

Mesmo que 95% do tempo pareça estar tudo quieto, o medo cresce, a insegurança amarga o pensamento e me vejo questionando o que ainda está por vir. Quão rápido perdi meu otimismo, ao ouvir cinco explosões de madrugada, na primeira noite de guerra – em 24 de fevereiro de 2022! Achei que era o começo do fim.

Vendo o quanto a comunidade brasileira tem se mobilizado para auxiliar os demais brasileiros a deixarem a Ucrânia, a pergunta que mais recebo é: "Paula, vocês estão saindo?". A resposta é: "Não, não estou e não estamos saindo". Tem sido cada vez mais difícil explicar às pessoas as razões de eu ter ficado, mas vou tentar justificar essa aparente "loucura".

A situação em Odessa é diferente. Odessa, por razões pelas quais não sei explicar, é uma cidade onde a situação ainda é tolerável; as sirenes não tocam o tempo todo, não há relatos de prédios habitacionais sendo atingidos e, de modo geral, o risco parece menor e o medo é mais gerenciável — pelo menos, por enquanto. A última coisa que você quer numa situação dessas é entrar em pânico.

As informações que saem nas redes sociais me preocupam. Nos primeiros dias da guerra, ouvi diversos relatos de pessoas desesperadas, desorientadas, cansadas, com fome, sem dormir, sentindo frio, enfrentando filas imensas, congestionamentos quilométricos e tendo, às vezes, que lidar com a falta de combustível no caminho.

Eventualmente, até casos de racismo foram denunciados. Em um deles, os policiais de uma cidade ucraniana não teriam permitido que negros entrassem no trem, a fim de priorizar seu povo — pelo menos foi assim que a notícia chegou até mim. Quando essas notícias chegam, não há tempo para confirmar nada. Se você pensa em deixar a cidade no próximo trem, pense nos desafios que podem surgir.

Meu esposo, ucraniano, não pode partir. Com o início da Lei Marcial, homens com idades entre dezoito e sessenta anos estão proibidos de deixar o país, mesmo que não tenham experiência militar. Eu concordei em estar ao lado do meu esposo pelo máximo de tempo possível. Juntos, cuidamos um do outro. Fiz essa promessa a ele sete anos atrás.

Então fico por amor? Não apenas, mas também, porque, diante dos riscos atuais, ainda faz mais sentido, para mim, ficar aqui. Quando a guerra acabar e for possível sairmos juntos, em segurança, retornaremos ao Brasil. Assim espero. Mas, se a situação aqui piorar, aí partirei triste, angustiada e sem ele. *Desculpa, amor.*

RAIVA DA FELICIDADE ALHEIA

A culpa não é de ninguém, mas dá raiva assim mesmo. Talvez você já tenha vivido esta situação: seu coleguinha de classe marcou de celebrar a festa de aniversário no sábado à tarde, por volta das 16 horas, e toda a sala de aula foi convidada. Aquele prometia ser "o evento" da semana. Rolava aquele burburinho sobre quem ia presentear com o quê, quem ia chegar mais cedo e quem ia levar o amigo penetra.

Conforme o nível de proximidade com o aniversariante, maior a ansiedade! Na segunda-feira anterior à festa, sua cabeça não pensava em outra coisa: *Vai ter festa e diversão no final de semana!*

Só que, apesar de estar com o presente comprado, sabendo exatamente a que horas você ia chegar – porque já tinha até combinado com outro amigo de não chegarem sozinhos –, na última hora, deu ruim. Sábado, logo depois do almoço, bateu um mal-estar daqueles, digno de passar horas no troninho. Virose, talvez? Sem chance de ir à festinha.

Aí você fica em casa. Azedo. De bode. *Como pode!?* Às 18 horas, deitado, com termômetro no braço, você lá imaginando o quanto todo mundo está se divertindo, cantando parabéns ou brincando de esconde-esconde. Chegava a dar raiva. Você não foi, mas a festa continuou, todo mundo comeu bolo e alguns nem sequer se deram conta de que você não tinha ido. Quem nunca?

A comparação pode ser boba, mas às vezes é assim que eu me sinto: com raiva. Para esquecer o que acontece à minha volta, volto àquele mundinho virtual das redes sociais e vejo fotos felizes dos amigos naquele feriadão: final de semana na praia, cerveja gelada, família reunida, a amiga exibindo a marquinha do biquíni novo e o cachorro se esbaldando na piscina. E eu aqui, enfurnada em casa, num país em guerra, tentando me distrair com qualquer futilidade para não deixar o desespero tomar conta.

Eu sei, podia ser pior, bem pior. Em vez de estar em casa, eu poderia ser mais uma escondida no abrigo do subsolo, tomando sopa e economizando os goles de um copo d'água. Eu poderia ser aquela mãe escondida debaixo da ponte, esperando a oportunidade de correr para a fronteira, eu poderia ser aquela avó que, com problema na perna, não tem condições de correr para lugar nenhum, eu poderia ser aquela sogra que jura ser capaz de dar a vida pela própria cidade natal a ter que abandonar tudo o que um dia fez sentido pra ela. Eu poderia ser qualquer uma delas. *Você* poderia ser qualquer uma delas.

Mas esta é a verdade: enquanto é feriado no Brasil, aqui, a gente anseia pelo toque do próximo alarme, o barulho da próxima explosão. Tente pular carnaval assim! Esteja aqui e tente olhar para a felicidade alheia e não se sentir com raiva e esquecido, esperando que o mundo use o tempo e a voz que tem a fim de parar a guerra!

É impressionante o quanto a gente se acostuma com a guerra, principalmente quem não vive ela. Sentado no sofá, comendo um belo prato de arroz com feijão e salada, é fácil soltar um tuíte pela "Paz Mundial" e dizer que se solidariza com os órfãos da guerra, com os animais abandonados ou com todos os refugiados.

Calma, essa crítica não é só pra você, é pra mim também, pois reconheço que meu sentimento de pena era real quando assistia, sem muito (ou qualquer) envolvimento, sobre a mãe de cinco filhos que perdeu o marido em um ataque e que hoje depende da ajuda de estranhos para sobreviver com o mínimo de dignidade.

Mas uma coisa é estar na festa; outra é viver a guerra. E o que fazer quando o sentimento que fica é de indignação? Opinião sem atitude não muda nada.

Não é que eu não deseje a felicidade dos meus amigos; de forma alguma. Acontece que o azedume uma hora sobe: vem do estômago vazio, sobe pela garganta e, quando chega à cabeça, você já não consegue mais ignorar que "esta guerra é sua e de mais ninguém". Não me refiro à guerra política, me refiro à guerra psicológica. A batalha sobre como você sobrevive é uma narrativa pessoal. Ninguém mais tem culpa se você passou mal depois do almoço e perdeu a festa. Ninguém mais tem culpa se você perdeu o sono, a fome ou a vontade de dar risada.

Aquela festa de aniversário do coleguinha de escola foi um sucesso, só você não viu. No domingo, o presente foi dado em atraso, junto com a mensagem de parabéns que você "não deu no dia" porque era melhor ficar em silêncio em casa do que ligar no dia da festa e dar satisfações sobre a sua ausência.

Mas quer saber? No final, tudo acabou bem. Você ganhou a lembrancinha de aniversário e até guardaram um pedaço do bolo para você.

Daqui, distante de qualquer sensação de carnaval, eu perdi a festinha, mas recebi com gratidão as mensagens de quem, depois da praia, me escreveu, buscando saber se estava tudo bem, se eu estava viva.

Eu fiquei triste e até com raiva por um tempo, mas não culpo ninguém. Quando chegar a hora, vou celebrar também. Mas, de agora em diante, entenderei com clareza o privilégio de quem vive em paz e a agonia de quem sobrevive à guerra enquanto o mundo se diverte e se anestesia.

SEM SAIR: O QUE MUDOU AO NOSSO REDOR

Sem sair de casa é difícil compreender o que tem mudado ao meu redor. O trajeto que meu marido faz até o mercado é curto e dele recebo a informação de que o condomínio onde moramos está todo trancado. Só entra ou sai quem tem a chave. Antes, entre a guarita e o portão por onde circulam os carros, havia uma pequena porta que sempre ficava aberta. Visitantes, entregadores e basicamente qualquer outra pessoa podia entrar sem ser interrogada sobre onde iria. Era assim a qualquer hora do dia. Aí, ao chegar à porta do prédio desejado, você interfonava para a senhora que fica na parte interna do prédio, ainda no térreo.

Quando a guerra começou, mudou a forma como podemos circular. Uma das portas, que dava acesso à Faculdade de Biologia da Universidade Nacional de Odessa de Mechnikov, hoje está trancada com cadeado. Ninguém entra, ninguém sai. A porta entre a primeira guarita e o portão de carros agora só pode ser aberta por moradores, assistidos por dois guardas de olhares duros e desconfiados. Mas, na porta do prédio, onde sempre fica uma senhora monitorando o que se passa nos elevadores, ainda é possível ouvir um leve "Bom-dia" — agora menos enfático e mais formal.

Não ouvi mais nenhum choro de criança, nem patinhas de cachorro, mas, no meio da tarde, durante o almoço, ouvi o miado forte e desesperado de um gato que era levado às pressas para longe daqui. As malas de rodinhas ainda podem ser ouvidas, passando pelo corredor. Esta madrugada, às 5 horas, bem enquanto tocava a sirene de ataque aéreo, mais um morador partiu. E, assim, tudo ao nosso redor vai ficando cada vez mais quieto, sem vida.

Da sacada observo o prédio à frente. Há pelo menos sete dias, as roupas de um morador continuam secando no varal. Já nevou, já choveu, já fez sol e as mesmas peças de roupa continuam lá, talvez para nunca mais serem vestidas. As flores dos vasos que ficavam à janela de outro apartamento estão secando, algumas até já parecem sem vida. Um dos gatinhos que assistia ao entardecer também já não dá mais as caras. E lá no décimo quinto andar vejo o que parece ser um colchão em pé, em frente à janela; talvez esteja servindo como escudo para o caso de uma explosão estilhaçar a vidraça.

Após levar o lixo para fora, meu marido reporta: "Joguei o lixo e, pela primeira vez, o lixo ecoou, tocando o fundo da caçamba". Tem sido assim nos últimos dias. Antes, a qualquer hora do dia, a caçamba vivia cheia. Talvez as pessoas estejam consumindo menos, mas o mais provável é que poucos tenham ficado.

Quantos mais ainda partirão? Não sei, mas sei que, apesar de todo o silêncio, muitos milhares de pessoas ainda vivem neste país e passam por este período de guerra e incertezas. A Ucrânia tem uma população de cerca de 44 milhões de habitantes, e dados mais recentes da ONU (Organização das Nações Unidas) reportam que cerca de 1 milhão de pessoas já deixaram o país. Ou seja, apesar do silêncio, muita gente ficou. Eu sou apenas mais uma entre os milhões que ficaram.

Vivemos como se estivéssemos em uma nova quarentena, cientes de que "o agente invasor" não precisa do toque ou do contato para nos contaminar. E assim, aos poucos, ele vai consumindo nossa energia, nosso sono e nossa fome. O antídoto, porém, é encontrar, no meio desse caos, as pequenas coisas que, por mais temporárias que sejam, nos permitam apreciar sua beleza: como um lindo pôr do sol, o desabrochar de uma flor ou o sabor da comida feita em casa.

A LEI SECA E UM GOLE DE VINHO PARA DORMIR

Só um golinho, só uma taça e nada mais. Se você consome qualquer bebida alcoólica, te convido a fazer este exercício: pense em quais ocasiões você bebe e depois me diga em quais delas você se incomodaria de não poder ter aquele álcool em você. Um churrasco sem cerveja? Um réveillon sem espumante? Uma balada sem Smirnoff? Um aniversário sem caipirinha? Uma guerra sem vinho?

Tem gente que bebe socialmente, só para relaxar, tem gente que bebe só para apreciar. Cada um sabe da sua "finesse": alguns gostam de peixe grelhado com vinho branco, outros do torresminho frito com cerveja gelada. Tem gente que bebe até extrapolar e encerra a noite com a mão no volante ou na cara do amigo — aí não vale, mas cada um sabe os motivos que o levam a beber. Eu também.

Não costumo beber, mas sou dessas que degustam repetidas vezes, e com prazer, o drinque de morango preparado pela amiga, no final de semana, e que, ocasionalmente, se permitem uma cerveja nas noites "regadas" a baralho e amendoim. Se me chamarem para um churrasco e não tiver cerveja, não sou dessas que vão se chatear.

Tem casal que bebe junto, mas também tem mãe cansada e marido estressado que bebem separados. Diversão ou fuga? Cada um sabe as suas intenções. Eu prefiro beber para relaxar, mas às vezes penso que beber não deixa de ser um tipo de fuga, porque quem "relaxa" foge da tensão e encontra aquele "soninho" mais cedo.

Vai ver é por isso que aquela taça de vinho no fim da noite parece cair tão bem, ainda mais quando o que te aguarda são pesadelos e o sono interrompido pelo som da sirene.

Em casa, guardamos na geladeira, desde outubro de 2021, uma garrafa de vinho tinto que ganhei de uma amiga. Nos últimos cinco meses ela ficou lá, parada, praticamente só ocupando espaço. Porém, nessas últimas duas semanas, ela se foi; de gole em gole, de taça em taça. Aqueles goles inocentes eram meu pequeno refúgio, minha pequena distração dos dias tensos em um país em conflito. Conforme a garrafa esvaziava, eu pensava: *Esta fuga vai chegar ao fim e depois dela... não terei outra como ela.* Digo isso porque, em 2 de março de 2022, entrou em vigor a Lei Seca na Ucrânia.

A partir dessa data, todos os estabelecimentos de Odessa e região estão proibidos de vender bebida alcoólica, não importa o teor de álcool. Embora não necessite de uma justificativa muito exata, a medida tem raiz no bom senso. A população geral foi convidada a combater o inimigo. Há cidadãos na linha de frente, há mulheres que preparam retalhos em tecido para camuflagem, há senhores que auxiliam no transporte de materiais e, de modo geral, qualquer um que nunca tenha segurado uma arma antes, agora recebe treinamento e munição. Basta se alistar.

Compreendo a existência da lei, mas lamento o banimento. Pra mim, é só como um "calmante" que vai acabar; mas, para outros, significa que vem uma "crise" por aí...

AUXÍLIO AOS REFUGIADOS. E AOS HERÓIS DE GUERRA?

Atravessar a fronteira e pisar sobre o solo de uma nova nação tem dado a cerca de 3 milhões de pessoas o direito de "recomeçar" — esse é o número de pessoas que fugiram da guerra na Ucrânia desde a invasão russa, em 24 de fevereiro de 2022. Me esforço, no entanto, para dizer que se trata de um "recomeço". A gente pode perder a vida no videogame e recomeçar da primeira fase. A gente pode preparar uma pipoca e recomeçar o filme; ou preparar um chá, e recomeçar a leitura. No sentido mais estrito da palavra, para mim, a ideia de "recomeço" é aquilo que você pode fazer, tendo os mesmos recursos de antes.

Mas o que é "recomeçar a vida", quando quase tudo o que você tem (ou teve) ficou para trás? E não me refiro somente aos bens materiais, me refiro à rotina que te conectava com a cultura e a história do seu país — como o idioma, a música, a comida, as tradições —, me refiro aos vínculos com familiares, amigos e colegas de trabalho, me refiro àquilo que te fazia levantar da cama todos os dias e se sentir "inserido no mundo" ou, quem sabe até, "no rumo certo". Não importa onde você esteja ou para onde tenha partido: um dos recursos mais importantes da sua vida é, provavelmente, a sua saúde mental. Ela é o que te mantém nos trilhos.

Quando ouço, então, sobre o quanto o mundo tem auxiliado os refugiados da Ucrânia, seja lhes oferecendo comida, um teto para morar ou uma oportunidade de estudo ou trabalho, fico imaginando quantos desses terão de fato qualquer auxílio para trabalhar seus traumas e se reconectarem com sua essência, com sua "nova vida".

Eu sei, atendimento à saúde mental é luxo; acontece que a mente é o único recurso (gratuito, disponível) que todas essas pessoas têm — antes e depois da guerra —, sejam elas crianças, adultos ou idosos. Esse recurso, porém, também precisa de manutenção. E quem é que oferece ajuda a ele?

Vai ver é por isso que fico tão admirada quando fico sabendo de psicólogos que ofereceram seu precioso trabalho para ajudar a trazer paz e força mental aos refugiados e sobreviventes de guerra.

Ao partir, com o intuito de viver em outro país, são várias as adaptações necessárias. Eu sei, por exemplo, de gente que partiu da Ucrânia e que, por uma razão ou outra, não pretende mais voltar. Muitos ucranianos vão aproveitar as oportunidades oferecidas mundo afora, começarão um novo trabalho — quem sabe, uma nova carreira — e desenharão novos planos para o futuro em um país que ofereça mais assistência e melhor qualidade de vida. Há, inclusive, brasileiros que, mesmo podendo retornar ao Brasil, optaram por ficar em algum país europeu. E ninguém está errado por agir assim. A gente precisa pensar naquilo que nos faz bem.

Sei que algumas pessoas vão dizer: "Ah, esse aí se deu bem! Fugiu da guerra, foi para um país europeu, matriculou os filhos na escola, conseguiu um trabalho sem esforço nenhum e ainda tem moradia gratuita pelos próximos meses".

Fico surpresa de ver o quanto há pessoas de coração pequeno, que resumem uma condição extrema dessas sem nem sequer pensar no custo que essa escolha tem. Sim, talvez essas pessoas tenham mais oportunidades, mas a que custo? Não será por tão "livre e espontânea vontade" que elas terão que aprender um novo idioma, se inserir em uma nova cultura, criar novos laços e aprender os códigos e leis daquela nova sociedade — principalmente se seu país de origem continua sendo palco de batalha. Nunca é tão simples quanto parece. A vida de um imigrante já tem muitos desafios e a de um refugiado, muito mais.

Tem gente inclusive que precisa lidar com o sentimento de culpa após ter partido. Eles podem até sentir gratidão por toda a ajuda que têm recebido, mas isso não os faz esquecer que ainda têm familiares vivendo sob ameaça, e nem que, de uma forma "quase injusta", os grandes heróis dessa batalha não terão os mesmos "benefícios". Os soldados e civis que até hoje arriscam suas vidas para manter a integridade e soberania da Ucrânia, mesmo quando se saírem vitoriosos, não terão qualquer ajuda (material ou psicológica) para seguir adiante; muito pelo contrário, além de salvar o país, ainda terão que reconstruí-lo, levantá-lo das cinzas e trabalhar muito para que a economia se reestabeleça e suas vidas encontrem um "novo jeito normal" de ser.

É, dizem por aí que "basta estar vivo para recomeçar", mas eu desacredito em recomeços, acho que tudo faz parte de uma grande jornada. Então, talvez o mais apropriado seja dizer "basta estar vivo para continuar tentando", porque assim a gente entende que todo aquele passado marcado por experiências tão tristes e traumáticas não será simplesmente esquecido; ele será "trabalhado".

Num mundo ideal, todos os refugiados seriam amparados com ternura e todos os heróis de guerra seriam recompensados pela sua bravura; porém, eu sei que a justiça não tem o mesmo peso entre nós. Ainda assim, torço muito para que essa compaixão mundial continue existindo, mesmo quando a guerra acabar, porque o fim dela apenas significará que ainda há muito a ser feito pela Ucrânia, e toda ajuda continuará sendo bem-vinda. Слава Україні (Glória à Ucrânia)!

O SONHO DA FUGA EM FAMÍLIA

Organizar viagem em família sempre tem seus desafios: é preciso haver um consenso sobre qual vai ser o destino final, a melhor data de partida, de volta, o que levar, quanto tempo ficar etc. Às vezes a confusão é tanta, que a viagem mal começa e já termina em briga e chateação. E, se viajar para curtir as férias é assim, quando todo mundo já está com os nervos à flor da pele não poderia ser diferente. A família também discorda e briga, na hora de escapar da guerra. Não que exista qualquer lugar na Ucrânia livre de ameaças, neste momento, mas certamente há cidades que, ao contrário de Odessa, não foram incluídas na "lista de desejos" do Putin.

Quando recebemos a informação de que a Rússia tentaria controlar toda a região Sul da Ucrânia, imediatamente pensei que ela não tardaria a atacar a cidade e que, talvez, fosse melhor partirmos, ainda que temporariamente. Não deu outra: um dia após o "anúncio", um dos mísseis lançados atingiu um prédio residencial de Odessa, gerando vítimas fatais; entre elas uma avó, uma mãe e sua bebê de apenas 3 meses.

Difícil mensurar o risco que cada um está disposto a correr e quais as medidas necessárias para se proteger. Acho que ninguém cogita tão rapidamente abandonar a sua própria casa quando começa uma tempestade, devido ao risco de uma enchente, assim como os moradores do Capão Redondo (SP) não deixam tudo para trás, apesar do alto nível de criminalidade. As pessoas continuam vivendo e se adaptando da forma como podem, como julgam melhor. Mas há um limite para cada um de nós.

Não sabemos quando a guerra vai acabar. Muitos dizem que a Rússia vai tentar "abocanhar" o máximo que puder da Ucrânia até o dia 9 de maio – data simbólica conhecida como "Dia da Vitória", que marca a derrota nazista pela União Soviética. Dizem também que, possivelmente, após essa data, Rússia e Ucrânia partirão de fato para alguma negociação de cessar-fogo. "Quem garante?". Ninguém. "O que fazer enquanto isso?". Não há consenso.

Eu sinto que falhei quando não levei a sério as ameaças da Rússia. Acreditei seriamente que os exercícios militares eram apenas uma *pressão* que Putin fazia sobre a Ucrânia e que um acordo diplomático seria feito. Você sabe, acreditei naquela coisa de gente civilizada. Me enganei e aprendi minha lição: as ameaças da Rússia devem ser levadas a sério. Mas, agora, o que a população de Odessa deve fazer diante dessa nova ameaça? Qual a melhor saída para cerca de 1 milhão de pessoas que vivem aqui? Correr? Esperar para ver e torcer pelo melhor? Correr para onde? Mais uma vez, não há certo ou errado.

Eu e Sergei havíamos tomado a decisão de partir e, no final de semana, nos reunimos com a família dele para ver se todos estariam de acordo em partirmos, quiçá juntos. Ah, mas cada um tem suas razões e, às vezes, a razão de um é o que segura todo mundo. As pessoas de mais idade – cá entre nós e com todo o respeito – podem ser as mais teimosas ou determinadas. Algumas não querem abandonar a casa porque ela representa tudo o que adquiriram na vida, não querem abandonar os netos, não querem encarar o desconhecido, não querem abandonar a cidade onde nasceram, e assim vão ficando.

A saúde dessas pessoas também não ajuda. Com a audição já prejudicada, o coração fraco e o caminhar mais lento e cuidadoso, não é qualquer idoso que topa abandonar a (falsa) segurança do lar. Além disso, nessa idade, eles precisam de ajuda até para as coisas mais simples, como comprar mantimentos, remédios, e precisam de acompanhamento em consultas médicas, sem mencionar a necessidade óbvia de "companhia". Como resolver isso? Por um lado, queremos levá-los, porque parece ser a decisão mais sábia; por outro, há o desejo de respeitarmos suas decisões... Ou será que, quando a gente envelhece, tem que fazer o que os filhos mandam?

E, assim, os avós do Sergei decidiram ficar, como a mãe e o tio, que se comprometeram a cuidar dos pais, custe o que custar. Partir em família, infelizmente, é um desejo nosso que não será realizado.

O CUSTO DA SEGURANÇA LONGE DOS CONFLITOS

Lviv é uma gracinha de cidade: colorida, cheia de vida e distante do imaginário de um país em guerra. Caminhando pelo centro histórico, vemos crianças brincando em volta da fonte, músicos atraindo uma galera jovem e animada, casais passeando de mãos dadas e também os vendedores de balões coloridos, de passeios turísticos, de capinhas para celular e outras coisas. Uma cidade grande e que soa, literalmente, ainda mais ucraniana, já que aqui o idioma mais falado é o ucraniano — e não o russo, como em Odessa.

Temos a certeza de que vir para Lviv foi uma decisão sábia. Aqui conseguimos recuperar um pouco o ânimo da vida, distrair a mente por mais tempo e até passear (coisa que a gente não fazia há tempos), mas está longe de ser um lugar que chamaremos de novo lar, pois, mesmo com todas as distrações de uma cidade turística, a razão de estarmos aqui é a fuga e não as férias. E que fuga bem cara...

Na fuga planejada você não tem muita escolha: ou paga o preço megainflacionado para alugar um apartamento, ou paga o preço megainflacionado de apenas um quarto na casa de alguém. Mas, claro, se for a fuga do desespero, aí qualquer canto mais seguro com condições sanitárias mínimas já serve. É triste, mas é assim que funciona o capitalismo, não é?

Ao planejarmos nossa vinda para Lviv, nos deparamos com preços altíssimos de aluguel—o que, pelo menos para mim, não surpreendeu. Já meu marido achou um absurdo ver pessoas tirando proveito da situação para lucrar mais. Obviamente, assim como nós — e muito antes de nós —, outras milhares de famílias ucranianas se deslocaram para cidades mais ao Oeste do país, onde há menos conflitos. Assim, com a alta demanda por hospedagem e sua baixa oferta, houve um aumento significativo do aluguel.

Para você ter uma ideia, atualmente, em Lviv, vivemos em um apartamento que, em tamanho, é a metade do apartamento de Odessa, mas o dobro do preço e com bem menos comodidade. E, antes de partirmos de Odessa, no mesmo prédio onde vivíamos, encontramos um apartamento similar ao nosso sendo alugado pela metade do preço; mas "só enquanto há guerra", conforme descrito no anúncio.

Nos meses de maio e junho de 2022, é aqui que vamos ficar. Tem tudo o que a gente precisa pra viver? Tem, tem uma cama com um colchão tão velho que, quando a gente deita, quase sente o estrado de madeira, tem um aquecedor de ambiente que não funciona, uma descarga de privada que só funciona "na gambiarra", um fogão a gás que só acende na décima tentativa, uma ducha cuja mangueira está quebrada e um conjunto de talheres sem faca. Um preço alto para quem ainda precisou comprar uma faca só para poder passar a manteiga no pão, mas, pelo menos, aqui temos nosso próprio espaço, a internet funciona e bem próximo há mercados, restaurantes e farmácia.

Eu sei, parece bobo reclamar dessas inconveniências quando se está fugindo de uma cidade em conflito. Lá em Odessa, apesar de todo o conforto, ouvíamos alarmes de ataque aéreo quase todos os dias e vimos, da sacada do nosso apartamento, o resultado (em fumaça) de alguns dos ataques com mísseis feitos na cidade. No entanto, não deixa de ser lamentável ver o que o dinheiro pode comprar em um país em guerra. O preço da segurança é maior do que o preço do conforto. E, enquanto comprar um apartamento, em uma zona de conflito, pode parecer bom negócio, o risco de perdê-lo numa explosão também é real. Quem quer investir nisso?

CELEBRAR O QUÊ?

Mês de aniversário é, para mim, um mês de reflexão. Fico relembrando tudo o que aconteceu no ano e avaliando se estou no rumo certo daquele rascunho que fiz.

Lembro que, em janeiro, após as reflexões do réveillon, criei uma lista de resoluções repletas de atividades que eu julgava serem importantes para atingir uma vida plena, de realizações: estudar (e aprender) mais sobre idiomas, investimentos, culinária, jardinagem, cuidar mais da minha saúde física e mental e também me lançar aos desafios que poderiam trazer novas experiências e gerar novos pontos de vista. Não imaginei, porém, que tão logo a lista estivesse pronta, e poucas semanas após um réveillon cheio de entusiasmo, eu pegaria covid e, não muito depois, estaria reavaliando o sentido do que é "justo", ao viver num país em guerra. Ninguém pensa nisso quando começa o ano.

Não tem sido fácil manter o otimismo e apreciar as coisas simples da vida nesses últimos quatro meses. Eu sei, "tudo passa", "tudo um dia acaba"... até a guerra; mas saber disso não alivia a preocupação e o sentimento amargo que fica no peito e que acorda comigo todos os dias. Não consigo viver como se nada estivesse acontecendo e não consigo não ter raiva de quem invade, de quem mata, de quem rouba, de quem cria as mentiras mais idiotas e, às vezes, até elaboradas, para justificar os crimes que comete. Não dá. Sinto raiva até de quem, mesmo sem estar envolvido, ainda concorda com esta guerra e normaliza as vidas roubadas porque "guerra é assim mesmo".

Hoje, 30 de junho, é meu aniversário e não sei se estou "no pique" de retomar as resoluções de Ano-novo, mas quero usar este momento para agradecer as pessoas que tenho à minha volta e que sempre fizeram tanto por mim — tendo a curiosidade de saber se estou bem, a paciência de ouvir meus lamentos — e que ofereceram carinho e ajuda nos momentos mais tristes e inseguros que já vivi. Mais do que isso, essas pessoas sempre buscam meios de recuperar meu otimismo e me fazem imaginar as coisas boas que podem vir adiante. No Brasil estão meus amigos mais íntimos, meus confidentes.

Este meu último ano de vida foi mesmo cheio de altos e baixos, e reconheço o valor de *muita* coisa boa que aconteceu. Tive inúmeras experiências inéditas na minha vida e me entreguei de coração a todas elas. Com a mesma abertura, me permiti conhecer pessoas de culturas diferentes (Ucrânia, México, Turquia, Holanda, Peru) e encontrei nelas uma curiosidade enorme pela vida, a vontade de trocar experiências e a paixão em fazer coisas novas (como se encontrar num dia da semana para fazer uma receita juntos, ir a um novo restaurante, ouvir uma banda tocar na praça, brincar com os gatos de rua ou simplesmente caminhar pela orla da praia, admirando o som do mar e a vida à nossa volta). Conheci pessoas incríveis este ano, do Brasil também!

E, se os amigos me proporcionaram tantos momentos de cumplicidade, o que dizer do meu marido? É com ele e também "por ele" que aprendo a ser forte, resiliente e continuo acreditando nos nossos objetivos, por mais difícil que seja atingi-los. Ele me viu triste, com dor, sem fé e continuou me amando nos momentos em que eu me sentia simplesmente feia, fraca e sem rumo. Ele me mostra, diariamente, que tudo ao nosso redor pode mudar, mas que somos nós quem decidimos aonde queremos chegar juntos. O caminho pode não ser o mesmo, mas a direção não mudou e isso é o que importa pra mim.

Neste aniversário, longe de casa (da casa do Brasil e do que foi o nosso lar em Odessa), a celebração é internalizada; não tem bolo, balão nem docinho. Não tem o abraço quentinho da mãe e nem a visita surpresa dos amigos, mas muitos se fizeram presentes neste dia. Hoje vou celebrar meus relacionamentos e me permitir chorar de emoção com o amigo do Benin cantando "*Happy birthday*" pra mim; com as flores e a caixa de chocolates que a amiga organizou com a ajuda do marido; com a mensagem recebida da mãe e a companhia sempre presente do meu grande parceiro desta vida: Sergei. Estou viva e sigo amando.

O (SOBRE)VIVENTE NÃO É O CULPADO

Às vezes caio na loucura de ler os comentários de notícias sobre a guerra na Ucrânia. Fico lendo, na esperança de ver mais pessoas preocupadas pela Ucrânia e culpando o real agressor desta guerra: Putin.

Infelizmente, dependendo da mídia e do assunto, fecho a seção de comentários com um aperto no coração, lamentando a verbalização de tanta gente que se acha especialista em geopolítica, e certa de que a sua fonte de notícia é a correta, dizendo coisas como: "No Brasil a mídia é corrupta; estão omitindo que, naquele prédio, os ucranianos escondiam um laboratório de armas bioquímicas".

E a coisa não para por aí: às vezes citam datas, nomes e números que fazem parecer que, seja lá de onde saiu aquela informação, aquilo é que deve ser "a verdade" e que existe um grande "complô" da mídia ocidental para esconder os "malvados ucranianos, os ukranazis".

Mas, mesmo entre os que compreendem que a Ucrânia é vítima da agressão russa, há pessoas que criticam a forma como os ucranianos têm vivido nas áreas menos afetadas pela guerra. Diferente das primeiras semanas da guerra, quando quase tudo fechou (universidades, teatros, restaurantes, shoppings, museus etc.), nas grandes cidades ao Oeste quase tudo voltou a funcionar e as pessoas têm retomado a vida que tinham; algumas fazem isso com mais facilidade; outras, nem tanto. Vejo ainda que, quanto mais distante dos conflitos e quanto menos ameaças recebe uma cidade, mais fácil é retornar a um novo normal.

Lembro bem de como era viver em Odessa, um lugar com praias, ao Sul da Ucrânia. Quando deixamos a cidade, no começo do mês de maio, as sirenes que alertavam para o risco de um ataque aéreo já soavam diariamente, às vezes mais de uma vez por dia. Era possível ouvir explosões que tremiam as paredes por um segundo e algumas vezes, da janela do nosso apartamento, vimos sinais de fumaça, resultado de ataques feitos nas proximidades ou da explosão de drones russos que haviam sido abatidos. E foi por causa dessa insegurança e por estarmos cansados, psicologicamente, que viemos para Lviv, mais ao Oeste do país.

Em Lviv a situação é bem mais calma. O alarme de ataque aéreo tem soado poucas vezes durante a semana e, desde nossa chegada ao centro da cidade, não vimos nenhum sinal de fumaça. É de imaginar então que, nessas condições, seja muito mais fácil voltar a desfrutar da vida.

De qualquer forma, não há nenhuma garantia de que não haverá um ataque. Estamos todos vulneráveis. A diferença é que, mais ao Leste, as probabilidades de um ataque aumentam. E quem temia pela própria vida, ou, obviamente, quem chegou a perder tudo por causa da guerra, mudou de cidade ou deixou o país, buscando a oportunidade de um "recomeço". Foi assim com mais de 5 milhões de ucranianos.

E os que ficaram? Como estão vivendo?

Dependendo da cidade à qual nos referimos, a vida acontece de forma diferente. Em Odessa, por exemplo, apesar da proibição de entrar no mar, devido ao risco de explosão de minas, há pessoas que se arriscam. Inclusive, já há, pelo menos, dois casos que resultaram em morte nas praias de Odessa por causa da explosão de minas. E, se parece tão irresistível banhar-se no calor deste verão, que bate os 34 °C, ninguém precisa correr um risco tão grande, pois os clubes de praia estão abertos, com inúmeras piscinas para os banhistas se refrescarem de forma segura.

Além do banho de piscina, também tem o banho de sol, o drinque preparado no clube, as danças, as paqueras, os pais brincando com as crianças, nos parques, as senhoras vendendo flores nas calçadas. Todos levando a vida da forma que conseguem — e que talvez até *precisem*, para também manterem a mente saudável.

Para alguns, essas atitudes podem parecer uma *ousadia* ou um *descaso*, já que, em outras partes do país, há combatentes perdendo vidas na guerra e famílias perdendo entes queridos, suas casas ou ficando sem acesso à água ou à eletricidade. Mas cabe a quem dizer como devem viver as pessoas nas cidades mais calmas?

Alguns dias atrás, lendo os comentários de uma notícia que falava sobre o ataque russo ao shopping Kremenchuk — no qual faleceram dezoito pessoas e outras 59 ficaram feridas —, deparei com a mensagem de um cara que, apesar de apoiar a Ucrânia, culpou as pessoas que estavam no shopping pelo risco que correram: "O país em guerra e as pessoas querendo ir ao shopping também é sacanagem. Sei que precisa voltar ao normal, porém já voltou ao normal? O país já está em paz? Sinceramente, falta até mesmo de bom senso".

O teor desse comentário, por coincidência, ecoou novamente numa conversa entre conhecidos e, mais uma vez, expus minha opinião. Reconheço que os ucranianos podem ser um tanto "desobedientes" em determinados contextos: no auge da pandemia, muitos ignoraram o uso de máscaras e as demais medidas sanitárias que visavam proteger a população. Nem mesmo o apelo à vacinação ganhou tanto apoio. Ao que consta, até fevereiro de 2022, nem 35% da população havia tomado as duas doses de vacina. Mas não considero um crime nem algo abominável as pessoas que, vivendo num país em guerra, ainda saem para tomar um banho de piscina, para andar no parque, para tomar um sorvete, para ir ao mercado, ao shopping ou mesmo à igreja.

Em Lviv, os parques estão cheios de famílias com crianças e cachorros, tem gente fazendo piquenique, há bandas tocando nas calçadas; outros, fazendo caminhada, andando de bicicleta; enfim, as pessoas estão circulando e estão ativas na cidade. Quem vê de fora não consegue associar essas cenas com um país em guerra. E é por causa dessa sensação maior de segurança que elas passeiam — e eu também.

É óbvio que lugares de aglomeração são alvos fáceis para os agressores: feiras, clubes, teatros, shoppings, igrejas etc. Mas não é como na pandemia, quando o *#ficaemcasa* salvava vidas; num país em guerra, você pode estar em casa e ser bombardeado do mesmo jeito.

Não estou dizendo que sou a favor de entrar no mar, onde existem minas; defendo que cabe às pessoas compreenderem o risco que correm e determinarem, por si próprias, se elas querem dançar, cantar, comer ou rezar. Só quem ficou aqui sabe a pressão que é viver com o medo, com a incerteza, com a raiva e com a tristeza, quando sua própria vida está em jogo. Por isso não concordo que culpem as pessoas que "estavam desfrutando suas vidas" ao serem atingidas por um míssil. Só existe uma pessoa a culpar aqui: o agressor, ninguém mais.

E não é como se as pessoas que se banham ao sol fossem indiferentes à guerra — embora eu não negue que elas possam existir. Aqui em Lviv, vejo bandeiras ucranianas nas sacadas de apartamentos, vejo ucranianos vestidos de amarelo e azul (cores da bandeira), eu os vejo, acompanhando as notícias pelo rádio no táxi ou, mesmo, sentados nos bancos do shopping, vejo bandas tocando canções de amor à pátria rodeadas por um povo jovem que canta e que vibra; e os vejo nas redes sociais, oferecendo ajuda aos mais necessitados ou fazendo vaquinhas virtuais para comprar equipamentos para os soldados na frente de batalha. Os ucranianos estão (sobre)vivendo, e essa também é uma forma de resistência.

OS AVÓS: A DOR E O ESQUECIMENTO

A guerra já havia se iniciado há alguns meses, e a possibilidade de os confrontos chegarem a Odessa nos fez reavaliar se era sensato ficar ou partir. Nos noticiários, as ameaças de que o Sul do país seria tomado pelos russos se tornavam mais frequentes e sabíamos que, de determinado ponto da cidade, era possível ver cerca de sete navios russos alinhados, como que prenunciando um ataque ou desembarque. Para mim, era claro: a gente podia contar com a "boa sorte" de que os russos não se arriscariam a pisar em Odessa ou ter um plano B, para o caso de a situação se tornar intolerável.

Algumas decisões precisavam ser tomadas, e queríamos tomá-las em família. Num almoço de domingo, no apartamento da minha sogra, começamos a conversar sobre a possibilidade de irmos para outro lugar. Sergei não poderia deixar o país e eu não partiria sem ele, mas minha sogra e seus pais poderiam ir para qualquer outro país. A questão era: tínhamos todos a mesma compreensão do risco que nos acometia?

O meu nível de apreensão sobre a nossa segurança era visivelmente maior do que o de minha sogra e, no decorrer daquele almoço, vim a saber — quase "rindo pra não chorar" — que os avós do Sergei tinham uma vivência bem diferente daquela guerra, apesar de morarmos na mesma cidade.

Eu sei que lá onde eles vivem é impossível ouvir o som das sirenes e isso, por si só, já é o suficiente para alterar a forma como eles assimilam o que se passa. "Não ouvir a sirene" significa que, em nenhum momento, a realidade deles era interrompida pelo susto ou pelo medo de um possível ataque. Mas, de longe, essa não era a razão pela qual eles não tinham qualquer intenção ou urgência em sair da cidade; e eu ri quando minha sogra tentou explicar...

Ela me disse que havia mais de uma semana o pai dela estava com uma unha encravada no pé, inflamada e latejando tanto que o impedia de pisar no chão direito — que dirá andar —, e ele teimosamente se recusava a ter qualquer consulta médica para tratar o problema. "Ele está tão focado naquela dor que não consegue pensar em outra coisa", ela me disse. Entenda que a preocupação dele, naquele exato momento, era com a dor existente. Fora isso, não havia sons de sirenes, explosões, não havia notícias sobre tanques nem soldados russos andando pela cidade, ou seja, para ele não havia motivo para fugir.

Já a mãe dela tinha uma razão bem diferente para não estar com pressa para ir a nenhum outro lugar: o avanço lento e progressivo da demência. "Ela anda tão esquecida das coisas que é provável que, às vezes, nem se dê conta de que está acontecendo uma guerra", minha sogra desabafou.

Era tudo muito real: a guerra, o medo, a dor e o esquecimento. Era bizarro pensar que, naquele contexto tão trágico de um perigo iminente, os maiores problemas eram uma unha encravada e o frequente esquecimento do que se passava no presente. Em algum momento, cheguei a me perguntar se seria melhor assim, que a maior preocupação do avô fosse a unha encravada e que a avó esquecesse o que se passa.

A VIDA NORMAL DO LADO DE LÁ

Terminamos o almoço e estamos assistindo a alguns vídeos no YouTube, fazendo um apanhado dos últimos fatos sobre a guerra na qual estamos inseridos. Parece estranho, mas é pela internet que a gente tem uma ideia melhor do que acontece no campo de batalha e, também, no campo político. Nos animamos com a destruição dos depósitos de munição russa, com o recebimento de novos equipamentos bélicos, com a ajuda financeira vinda do exterior e, claro, alimentamos nossa esperança, ao ouvir o relato de cada vilarejo retomado pelos ucranianos. O noticiário não para.

São inúmeras as informações que circulam pela internet, e, te garanto, há canais sem censura que mostram em detalhes as coisas mais horrorosas que você não gostaria de ver nem em um filme de terror. Só que a guerra é muito mais do que a constatação de atrocidades, de notícias quentes, de análises de especialistas em conflitos internacionais ou de agendas políticas nos meios de comunicação; a guerra é, para quem a vive, a contínua e forçada adaptação a uma realidade onde nossa vida possui menos direitos, menos recursos, menos perspectivas e muito mais medos e riscos.

A forma como a guerra impacta a vida das pessoas também pode ser vista na internet. Os vlogs continuam existindo e relatam como é o dia a dia desta nova realidade, que não é homogênea; mesmo que estejamos todos aqui, de certa forma, sob o mesmo risco. Quanto mais próximo à linha de frente, maior o medo, maior o terror.

Eu e Sergei não assistimos mais às inúmeras histórias tristes de vidas tomadas de forma tão brutal, porque nosso pesar e nossa raiva não vão nos nutrir com o que é necessário para sobrevivermos. Nosso posicionamento é claro: quem precisa de "choque de realidade" é o invasor.

Mas que choque de realidade pode ter "o lado de lá", quando ele concorda com os flutuantes motivos dessa invasão? Ou quando acredita na propaganda do seu próprio governo, que o convence de que o inimigo, o pior mal de todos os males, é o povo ucraniano como um todo? Deixei a louça da cozinha e continuamos sentados lado a lado, assistindo a vídeos na internet. Na recomendação que veio a seguir, um vlog sobre a vida em Yakutsk, considerada uma das cidades mais frias do mundo e que se situa na Rússia.

Vimos a moça russa apresentar as tradições do seu povo, a culinária típica da região e o depoimento dos locais, explicando como sobrevivem às rigorosas temperaturas, que chegam a bater –60 °C no inverno.

Podia ser só mais um vlog qualquer dos dias atuais, mais alguém compartilhando as belezas e curiosidades do seu país, da sua cultura, mas compreender que aquela vida ordinária se passava no país vizinho (enquanto estamos em guerra) me fez sentir muita *raiva*. Aqui, na Ucrânia, todos nós sabemos que mísseis sobrevoam o país todos os dias, sem fazer distinção entre os atingidos. *Todos nós corremos perigo*. Lá, na Rússia, o povo pode não ter McDonald's, mas continua vivendo a vida normalmente, viajando inclusive de avião. Já aqui, não há a menor condição de os aeroportos funcionarem; estamos sob ataque. Lá, não.

Estranho, não é? Numa guerra entre dois países, um deles vai à luta apenas para se defender, enquanto o outro ataca de forma criminosa. A Ucrânia possui mísseis capazes de atingir o território e a população russa, mas o acordo feito com os aliados é de que a

Ucrânia use tais armamentos apenas com o fim de proteção e não de ataque. Às vezes eu queria que os invasores pudessem sentir o mesmo *medo* e *terror* que eles causam ao nos atacar aqui...

MEDO DE HOSPITAL

Uma hora da manhã: eu, deitada no chão da cozinha, achando que ia morrer. Só deu tempo de gritar para o marido: "Chama a ambulância que eu tô desligando" — nunca falei tão sério! Dali em diante, enquanto o tempo me fugia do corpo, eu iniciava uma jornada num sistema médico que parecia de outro mundo, de outra época...

Isso tudo porque, minutos antes, eu tinha corrido para o banheiro, sentindo que seria acometida por um combo de sintomas simultâneos: diarreia, vômito e desmaio. Primeiro dei conta de um, depois dei conta do outro e o desmaio, que por sorte viria por último, não se concretizou, mas a extrema fraqueza em que me vi me assustou. As mãos começaram a formigar e, quando me dei conta, os pés e as pernas também. Era como se não houvesse mais energia no corpo.

A chegada das socorristas não levou nem dez minutos, mas foi tempo suficiente para eu retornar à cama e aguardar a ajuda. Duas senhoras entraram, vestidas de vermelho; a mais velha, já obesa, mancava de um pé e, às vezes, soltava alguma frase em inglês para me consolar: "*Everything will be okay*" ("Vai ficar tudo bem"), ela dizia. A outra era quieta e confirmava o que a primeira dizia. Estávamos no mesmo quarto; mas elas em um canto, interrogando o Sergei, e eu, no outro, aguardando que alguém pelo menos aferisse minha pressão.

Anotaram tudo: nosso nome, sobrenome, idade, telefone, de onde eu era, de onde ele era, se fugíamos da guerra, se o apartamento era alugado, como alugamos, quem era a dona, há quanto tempo estávamos em Lviv, como eu fui parar na Ucrânia, se eu estava no país legalmente, como nos conhecemos, há quanto tempo éramos casados; aquilo parecia não ter fim. Eram muitas perguntas, e eu começando a temer que talvez esse procedimento longo e demorado fosse o novo padrão de atendimento em período de guerra. Cogitei até a ideia de que talvez o fato de Sergei não estar em Odessa e nem ter avisado as autoridades de que deixaria a cidade temporariamente seria um problema que resultaria no meu "não atendimento". Isso era meu medo falando alto.

Papelada preenchida frente e verso, documentos verificados, nomes soletrados minuciosamente e, finalmente, uma delas veio aferir minha pressão – que, a essa altura, devia até ter subido um pouco, de tanto nervoso, mas não, 10 por 6. E assim iniciamos a viagem para fora do apartamento, de onde saí pendurada no Sergei. Observando o andar lento das socorristas, me indaguei o que elas fariam caso o paciente tivesse o mesmo peso que elas e fosse incapaz de andar.

Na pequena ambulância, que parecia um Doblò adaptado, trafegamos por uma Lviv deserta durante o toque de recolher. Não havia mais ninguém nas ruas, ninguém saindo tarde do bar, ninguém passeando nas noites quentes de verão e até os taxistas provavelmente dormiam naquele horário. Mas as ruas livres não tornaram a viagem curta nem suave. As pedras que asfaltavam nosso trajeto eram as mesmas que faziam tudo pular e balançar dentro da ambulância. Imagino que montar um touro mecânico gere uma sensação muito similar.

O primeiro hospital para onde me levaram era enorme, pelo menos, de vista. Corredores longos, salas espaçosas e quase nenhum paciente, exceto por outro casal. Além de enorme, o hospital também era velho, mas tinha uma mão de obra jovem – tão nova que os médicos provavelmente receberão seus diplomas daqui a um ano (ou quando completarem suas horas de residência). Todos muito mais novos do que eu, até as enfermeiras. E, se por um lado, a possível inexperiência me parecia assustadora para tratar casos urgentes, me senti muito mais tranquila quando, em dado momento, o médico jovem — cujo toque de celular era a trilha da série *Narcos*, "Tuyo" (de Rodrigo Amarante) — conversou comigo em inglês.

Parece bobagem, mas estar doente, desfalecendo numa cadeira de hospital onde, à sua volta, médicos, enfermeiras, socorristas e até seu marido falam um idioma que você não conhece, é como um filme de abdução alienígena. Todos falando a seu respeito, olhando para você e pensando no exame que vão fazer...

Daquela salinha onde fui a atração (ou distração) da noite, fomos atrapalhar o descanso silencioso de uma moça que cuidava do ultrassom. Descartada a possibilidade de uma apendicite, me deram um novo destino: um segundo hospital, onde, desta vez, eu seria atendida por uma médica infectologista.

Depois da longa jornada de volta às áreas mais habitadas da cidade, chegamos ao segundo hospital-fantasma. A fachada parecia a de um prédio qualquer: sem luzes acesas na entrada, sem seguranças na porta, sem câmeras de segurança, sem ambulâncias por perto, e aguardamos até alguém vir atender a campainha.

A médica infectologista, menos jovem e já formada, cuidou do meu caso, mas não sem antes preencher outro monte de papelada. Sua sala era bem genérica e não guardava traços de pertencer a ninguém em específico: lá só havia uma mesa, uma cadeira e uma pequena maca para avaliar o paciente. Ivanna, a médica que me atendeu, falava um pouco de inglês — quase confirmando a minha hipótese de que, na Ucrânia, quanto mais jovens os médicos, maiores as chances de eles saberem manter uma conversa em inglês.

Eu nunca havia sido hospitalizada por causa de uma intoxicação alimentar e só podia imaginar o básico: sorinho na veia e uma prescrição de antibiótico. *Coisa rápida, logo estarei em casa*, pensei comigo, mas eis que a médica diz: "Vamos deixar você em observação e recebendo medicamentos. Tudo bem se você ficar aqui até umas três da tarde de amanhã?". A minha pressão, que nessa hora deve ter subido mais um pouquinho, trouxe à cabeça a compreensão de que eu ficaria sozinha no hospital... um hospital muito diferente do que eu conheço, sem falar o idioma, sem minha base de apoio, sem meu anjo da guarda.

Não era a solução que eu desejava, mas era a que eu precisava naquele momento. *Pelo menos, no hospital, a ajuda especializada está numa sala ao lado*, me confortei em pensamento. E assim concordei, me despedindo do marido para enfrentar uma noite muito longa, muito apreensiva e torcendo para que o pior já tivesse passado.

Por volta das cinco da manhã, desisti de tentar dormir e saí da cama lentamente, tentando conter o barulho das molas do colchão para não acordar as outras duas pessoas que dormiam no mesmo quarto comigo. A minha admissão em plena escuridão da madrugada impossibilitou que eu soubesse se as outras duas pessoas eram mulheres. Acreditei no bom senso de que seriam mulheres também, mas parti em direção à luz assim mesmo.

Vaguei pelo corredor, onde o piso sussurrava minha desobediência. Eu não tinha aonde ir. O hospital estava extremamente quieto, senti como se estivesse numa casa abandonada. Mesmo sem ter quem atender, os funcionários que estavam lá também dormiam, não estavam de conversa-fiada no corredor, na cozinha nem na recepção. Não havia o som de mais ninguém, nem um ronco, nem um cochicho, nem um celular tocando música sem fone de ouvido.

Fui ao banheiro, buscando refúgio, único lugar onde, exceto pelo quarto, minha presença não causaria tamanho espanto a mais ninguém. Olhei as quatro cabines e não notei nenhum pedacinho de papel higiênico. *E se me desse outra crise de diarreia? Eu ia me limpar com o quê? Pedir ajuda de que jeito?*, pensei comigo. É lamentável o que a gente faz quando bate o desespero.

“Fiz de conta” que sentei na privada — já suja àquela hora da manhã — e me aliviei com um xixi curtinho, só para, em seguida, tomar a atitude desesperada de usar a capinha de tecido do absorvente que eu carregava na bolsa para me limpar. Nem usei o absorvente em si porque talvez ele fosse útil em outra ocasião, quando a diarreia implorasse sua saída repentina. Passada a frustração, voltei para minha cama e ali fiquei, em posição fetal, traçando um plano para ir embora o quanto antes... bem antes das 15 horas.

Às seis da manhã, por telefone, mandei uma mensagem à médica que havia me atendido. Expus meu sentimento quase infantil e falei que queria ir embora. Expliquei que era a primeira vez que eu era hospitalizada na Ucrânia e que estava bastante desconfortável e não havia dormido bem, mas que o pior parecia ter passado. Ela foi compreensiva e me convenceu a ir embora após fazer o exame de sangue, às oito da manhã.

Cheguei em casa só para continuar a jornada... doente, porém me sentindo segura e mais confortável.

UM TELEFONEMA EM GUERRA

Cheguei à Ucrânia (em outubro de 2020) como uma criança enfrentando o primeiro dia de aula: incerta dos cantos aonde eu podia ir, insegura das interações que poderia ter, mas, sendo adulta e solta nas ruas, eu sabia que o celular era o remédio para qualquer desespero. Com ele à mão, não tinha rua sem nome, não tinha rota impossível nem conversa que não pudesse ser traduzida. Não que ele me desse superpoderes, mas ele certamente me tirava de qualquer sufoco num momento incômodo. E, se o celular podia ser assim tão útil numa vida "normal", imagina a importância que ele passou a ter quando a guerra começou.

Pra mim, os primeiros dias e semanas da invasão russa foram os mais assustadores — pelo menos até o dia em que escrevo esta crônica. Embora os conflitos armados não tivessem ocorrido na cidade de Odessa, estávamos todos em estado de alerta. Tudo à nossa volta mudou: o toque de recolher foi implantado, o comércio local, fechado (restaurantes, cafés, teatros, cinemas, academias etc.), muitas famílias abandonaram a cidade e o sentimento de desconfiança com quem estava à nossa volta foi aumentando rapidamente.

Aquele mesmo celular que registrava os lindos canteiros da cidade, suas obras de arte, os gatinhos, os museus, os teatros, os momentos de alegria e a vista para o mar passou a ser, ao mesmo tempo, item de proteção e alvo de investigação. O aparelho fornecia um *senso de proteção* porque, por meio dele, a gente podia se deslocar, recebendo informações relevantes com muita rapidez: o endereço dos abrigos antimísseis, locais de atendimento emergencial, alterações nas rotas do transporte público, entre outras coisas.

Mas ele também passou a ser *alvo de investigação*, porque era por meio dele que infiltrados e apoiadores da invasão forneciam informações valiosas ao inimigo: a posição exata de alvos militares ucranianos, as ruas de acesso impedido e os pontos onde bombas poderiam ser detonadas ou o sucesso de detonações. Por essa razão, quem quer que fosse pego fotografando as ruas de Odessa poderia ser abordado e ter que dar satisfações aos oficiais ucranianos.

O celular era o que me dava certa tranquilidade, suporte. Eu sabia que, com ele, no momento em que me assustasse ou precisasse de ajuda, eu poderia ligar para alguém; eu poderia denunciar algo, ou poderia até mesmo aprender algo essencial de última hora — como rotas de fuga, locais de abrigo ou técnicas de primeiros socorros. Mas, quando a guerra começou, não demorou até chegar a informação de que, nas áreas de intenso conflito, já não havia mais sinal de internet e que, de certa forma, eu deveria estar ciente de que corríamos esse risco também.

Na hora, aquilo me *paralisou*. Fiquei com medo de ficar sozinha, de não saber onde meu marido estaria, de não saber se meus amigos estariam seguros, de sentir que, de repente, eu poderia não saber mais o que se passava à minha volta nem para onde fugir. Fiquei com medo. Medo de não conseguir pedir socorro, de não poder enviar uma mensagem de conforto ou mesmo de adeus à minha família e amigos.

Por sorte, a rede de comunicação nunca foi atingida e aquele celular pôde cumprir suas inúmeras funcionalidades, mas nunca esqueci que, de uma hora para outra, ele poderia servir apenas como um relógio pesado no bolso. Entretanto, tê-lo em pleno funcionamento foi o que manteve minha calma nos momentos de solidão.

Passadas as semanas iniciais, eu havia me habituado ao som das sirenes de ataque aéreo; porém, sons de explosão, por mais distantes que pudessem ser, me faziam entrar em estado de alerta: *Será que foi só essa explosão ou outros mísseis estão a caminho? E será que isso foi um míssil ou a defesa ucraniana abateu algum drone?* A sirene e a explosão eram fases distintas de um mesmo perigo.

Lembro da vez em que estava sozinha no apartamento, conversando com uma amiga de infância por videochamada. Lá fora, abafado pelas janelas antirruído, o alarme tocava, e, por mais que meu corpo e mente tivessem aprendido a se controlar diante dessas situações, o controle não era imbatível. Nossa conversa foi subitamente interrompida pelo forte estrondo que vibrou a janela do apartamento em que eu morava. Ela não ouviu, mas eu senti. Senti e não contive o medo: meu marido não estava em casa. *O ataque não ocorreu perto de casa, mas onde? Será que ele está bem?*

A preocupação me fez explodir em lágrimas quando, segundos mais tarde, houve uma segunda explosão. Não, aquilo não era só um celular em minhas mãos, era a chance de encontrar *conforto* na voz de uma amiga que estava em outro continente, mesmo quando eu já não tinha tanta certeza do que se passava lá fora.

DESPERTARAM MINHA FÚRIA

Para ter uma boa noite de sono, é preciso haver *respeito*. Você pode até ser rebelde algumas noites, mas o seu organismo gosta mesmo é de uma rotina que respeita seu ciclo circadiano, na qual você executa suas atividades ao longo do dia, recebendo e gastando energia, e também garantindo o descanso necessário naquele prazo de 24 horas, principalmente à noite. E, se dormir pode ser uma atividade inteiramente individual — já que ninguém mais pode "dormir por você" —, é necessário também que as pessoas à sua volta respeitem o seu descanso. A falta desse respeito pode despertar em você uma pessoa que você não gostaria de conhecer.

O pequeno apartamento onde nos hospedamos em Lviv ficava bem no térreo. As janelas do quarto, que são as únicas janelas existentes no apartamento inteiro, dão bem para a calçada, no finalzinho de uma rua sem saída. Tudo passa por essas janelas: luz, ar fresco, chuva e cheiro de cigarro, ou seja, elas exercem papel essencial no regulamento do nosso pequeno ecossistema de 35 metros quadrados. Uma bela noite, como viemos a saber, as barras de ferro e a propriedade antirruído das janelas não foram assim tão fortes para impedir a entrada de outro intruso bastante indesejável: o *ruído*.

Não era sexta nem sábado; era só mais um dia de semana daqueles em que você regula, com mais rigor, o seu tempo de horas dormidas. Seguíamos com nossa rotina: uma pausa após a janta, um diálogo descontraído, uma série de TV na cama e, como tudo que encerra o seu ciclo, desligamos a TV, apagamos a luz e nos preparamos para a nossa noite de descanso; que, naquela noite, nunca chegou. Ouvimos vozes.

Passava das 23 horas e, em frente à janela do nosso quarto, um casal conversava. Eu só podia imaginar que a conversa seria rápida, daquelas de final de noite; afinal, já estávamos sob o toque de recolher. Com as janelas fechadas era impossível entender com exatidão o teor da conversa, mas as diferentes entonações às vezes denunciavam que eles estavam em contradição. Seria uma briga de casal?

Bateu *uma* hora da manhã. A conversa do casal seguia na mesma oscilação, porém, dentro do quarto, o incômodo já gerava frustração. Assumi que, pela localização — em frente ao nosso prédio de uma rua sem saída —, talvez a moça morasse aqui. *Por que não conversam no apartamento dela? Sei que é tarde, talvez ela não queira acordar a família dela, mas conversando aqui em frente somos nós quem não conseguimos dormir*, pensei comigo. Sergei, nessa hora, já bem mais irritado do que eu, começava a perder a paciência e o próprio sono. Ele decidiu botar um fone de ouvido e assistir a algo no celular para se distrair, enquanto o assunto lá fora não se encerrava.

Duas horas da manhã. Já havia passado da hora de cada um ir para sua casa e o que parecia uma discussão passou a oscilar com algumas risadinhas. O que fazer? Ah, lidar com estranhos nessas condições nunca é fácil. Seria ótimo se tudo se resolvesse com um simples: "Hey, por favor, vocês podem conversar em outro local? A conversa de vocês está nos atrapalhando". Já vivemos o suficiente para saber que isso não funciona e geralmente não acaba bem. Sergei de repente se levanta, acende a luz do quarto, espia pela janela e vê o casal conversando e bebendo atrás do carro que estava em frente ao nosso prédio. Ele bate na janela com o punho três vezes, evidenciando seu descontentamento. Por alguns minutos, as vozes se acalmaram.

Três horas da manhã. Sergei já estava numa impaciência "*hard*" (em nível avançado), a vontade dele era a de ir lá fora e tratá-los com o mesmo desrespeito com que eles estavam nos tratando naquela noite. Eu, por outro lado, vendo Sergei planejar uma ação que poderia acabar em escândalo ou algo pior, decidi ser mais ativa no término daquela sofrência: levantei da cama, abri a janela e gritei: "Xiu, блять!" – algo como "Xiu p***a"!

Silêncio total. Ninguém respondeu nada – o que achei ótimo, pois a última coisa que eu queria era alguém que, além de desrespeitoso, ainda batesse no peito, clamando o direito de atrapalhar meu sono.

Quatro horas da manhã e a conversa havia sido retomada. Os planos maquiavélicos do Sergei se tornavam mais complexos e meu temor por encerrarmos a noite sem dormir e com um boletim de ocorrência me deixava ainda mais desconfortável. *Como é que se resolvem essas coisas? O país em guerra e a gente vai fazer o quê? Chamar a polícia porque dois idiotas não param de conversar?*, eu me questionava, indignada com o andar da situação. Eram muitas risadinhas lá fora e, no quarto, a gente sonhava acordado sobre como seria jogar um balde d'água pela janela. A impaciência estava no nível "*extra hard*" (superavançado).

Cinco horas da manhã. Sergei já havia desistido por completo de ter qualquer meia hora de sono e torcia para que o caminho deles não se cruzasse pela manhã, quando ele tivesse que sair com o lixo pra fora. Ah, eu não aguentei. No "ha ha ha" seguinte que ouvi, sem conseguir pensar em qualquer outra coisa que pudesse dizer – sem entregar que eu era estrangeira –, levantei furiosamente, abri a janela e gritei "Ha ha ha... cara***o!". Hum... não sei se o "cara***o" fez sentido para algum deles, mas acho que o tom de voz deixava bem clara a minha intenção.

O dia amanheceu e todos nós tínhamos passado a noite em claro. Temendo que esse escândalo pudesse se repetir, Sergei decidiu que, se os encontrasse lá fora, falaria em tom de ameaça que não toleraria outra noite como aquela. Tive medo do que poderia acontecer, mas não consegui pensar em alternativa melhor para oferecer.

Sergei saiu de casa e logo encontrou a chance de dar seu recado. Por volta das oito da manhã, as vozes que tiraram nosso sono dormiam dentro do carro que estava parado à nossa janela! Ele bateu no vidro do carro, o motorista abriu a janela e, dali, saiu o cheiro de bebida, revelando três, e não duas, faces responsáveis pela nossa *fúria*. Uma moça e dois rapazes. Sergei questionou o óbvio, como quem busca uma rendição dos culpados: "Vocês estavam conversando aqui esta noite, não estavam?".

O pedido de desculpas veio rápido, e veio acompanhado de outra informação que nos fez repensar como nos sentíamos por eles. Eles disseram que não tinham casa; haviam partido do Leste (onde há mais conflitos) e só tinham o carro para dormir.

Assim, entendi por que eles haviam escolhido ficar na nossa pacata rua sem saída. Devido ao toque de recolher, seria arriscado irem conversar na praça, pois poderiam ser abordados pela polícia. E eu, mesmo lamentando o que os trouxera até Lviv, fiquei com um sentimento misto sobre minha atitude. Gritar com as pessoas, falar palavrão de forma ofensiva não me faziam sentir orgulho ou qualquer coisa parecida. Enfim, nada justifica eles *não* terem usado a noite para dormir no carro e nos manterem acordados, mas foi triste saber que não tinham onde morar. Na noite seguinte, o carro já não estava mais lá.

BRINQUEDO DE PELÚCIA

Brinquedo de pelúcia serve apenas para "brincar"? Começo a pensar que não, afinal o ursinho ganhado no Dia dos Namorados que diz "Eu te amo" muito provavelmente não é para brincar com o amor de ninguém, mas uma demonstração do sentimento que ele simboliza. Ele fica lá na cama, te observando, ecoando uma memória, reafirmando um sentimento. Concluo então que o *brinquedo de pelúcia,* além de não ser só brinquedo, também não é só para criança. Mas como identificar o público de uma pelúcia?

Andando pelas ruas do centro histórico de Lviv, percebo que as lojinhas dos turistas agora são amplamente visitadas também pelos locais. Lá se vendem não apenas os presentes e lembrancinhas de quem passou por aqui, mas também os inúmeros itens que reforçam o amor à pátria ucraniana. São variadas estampas de camisetas, meias, colares, anéis, broches, quadros, canecas e até pratos de cerâmica que, ao mesmo tempo que emanam o sentimento de nacio-nalismo e sobrevivência, deixam bem claro quem é o *inimigo* desta guerra.

Esses dias, porém, observando a vitrine de uma loja de artigos para crianças, deparei com uma pelúcia que me deixou intrigada. Até agora encontro em mim uma relutância em chamar aquilo de "brinquedo" — e só sei que não era um "boneco". O que vi foi um tanque de guerra de pelúcia. O artigo aveludado, bem-feito e colorido, me fez pensar nas circunstâncias em que ele seria comprado ou dado de presente a alguém.

Sei que crianças, principalmente os meninos, adoram brincar de guerrinha. Pelo menos, era assim que se brincava na minha infância, antes da criançada ter tablet e acesso à internet para jogar Minecraft. Bastava dar um boneco super-herói e, quando você menos esperava, o Batman já estava jogando o Homem-Aranha às alturas, com direito a socos e efeitos sonoros, "Boom, Pow, Arrggh". Os carrinhos não saíam ilesos; aliás, parece que a grande graça dos carrinhos era fazê-los disputar corrida e, finalmente, chocá-los contra a parede ou um contra o outro. A brincadeira acabava em violência, de qualquer jeito, replicando as cenas que a gente via em filmes e desenhos animados.

Posso estar racionalizando demais, mas será que uma criança tem noção do que representa ou para que serve um *tanque de guerra*? Pois até alguns meses atrás esse "brinquedo" não estava nas prateleiras e os verdadeiros tanques de guerra não apareciam tão frequentemente nos noticiários ou nos vídeos de TikTok. Então me questiono: será que, ao presentear uma criança com um tanque de guerra, estamos semeando qualquer sentimento danoso no imaginário dela? Ou tudo não passa de diversão?

Fiquei ali olhando para aquele brinquedo, incerta, imaginando se seria necessário dar qualquer explicação sobre ele: "Um tanque de guerra serve para combater o inimigo quando ele...", hmm, seria melhor parar por aí ou explicar o contexto?

No fundo, acho que criança nenhuma é boba, e, já sabendo ler, não leva muito tempo para entender que, neste momento, o inimigo vem do país vizinho. Mas como nomear o inimigo a uma criança, sem fazer com que ela cresça odiando uma nação inteira? Não sei explicar, mas aposto que deve ser tarefa difícil para qualquer pai e qualquer mãe.

O tanque de guerra de pelúcia era fofo, e, se estivesse na prateleira do quarto de qualquer adulto, eu diria que se trata de um símbolo de resistência. Mas o que ele fazia numa loja de artigos infantis? Eu relutava em aceitar, mas tudo indicava que ali ele capturava mais a atenção de crianças do que de outros adultos como eu. Meus olhos então correram a vitrine toda e, entre quebra-cabeças, bloquinhos de madeira coloridos e materiais de pintura, surgiu o cachorro mais famoso da Ucrânia, também em pelúcia: era o Patron, um cachorro antibomba da raça Jack Russel Terrier.

Patron ganhou fama nacional usando seu faro para localizar a presença de minas terrestres em território ucraniano após a invasão russa. Somente entre 24 de fevereiro e 8 de maio de 2022, Patron já havia encontrado 236 minas terrestres, auxiliando, em muito, o trabalho do esquadrão antibombas. O cachorrinho se tornou um sucesso, e ali, à venda, na vitrine, o Patron de pelúcia representava a chance de ter o mascote nacional em casa para brincar, para admirar e para chamar de seu. Vai ver, com isso, qualquer adulto ou criança pode concordar.

Mas e o tanque de guerra? Será que crianças e adultos veem esse tipo de pelúcia com olhares diferentes? Gostaria de acreditar que sim, que para as crianças tudo não passa de pura diversão, pois para os adultos acho que aquela pelúcia vai sempre remeter ao período mais inseguro de suas vidas e relembrá-los sobre o papel do patriotismo na defesa de um país em guerra.

PACOTE ATRÁS DA PORTA

"A oportunidade faz o ladrão." Passei a acreditar mais nisso depois que assisti, pela televisão, aos crimes cometidos em algumas cidades do Espírito Santo durante uma greve da Polícia Militar, em fevereiro de 2017. É assustador ver aquelas ditas pessoas "de bem", "trabalhadoras", saindo — até com seus filhos — para roubar televisores, fogões e geladeiras de supermercados, simplesmente porque viram a oportunidade de cometer um crime e saírem ilesos. Roubos, assaltos a mão armada, espancamento — a coisa toda saiu de controle.

Quem já era bandido viu na greve a oportunidade perfeita, e até quem parecia ter "boa índole" caiu na tentação de sair desse caos com mais dinheiro no bolso e um móvel novo em casa. Uma vergonha. Nunca me esqueci desse fato e passei a temer mais o que as pessoas são capazes de fazer diante do *caos* ou da *impunidade*.

Na Ucrânia, logo que a guerra começou — como era de se esperar —, o clima de insegurança aumentou. A população não sabia mais quem poderia estar agindo contra o país. Se o inimigo andasse sempre fardado, seria mais fácil; mas também são *inimigos* aqueles que se voltaram contra a sua própria pátria e que, trajados de cidadãos comuns, trabalharam fornecendo informações aos russos, fazendo marcações e implantando bombas pela cidade. Eles poderiam estar em qualquer lugar.

Mas havia ainda outra categoria de pessoas que ameaçava a nossa segurança: os *oportunistas*. Esses, que não agem por motivação política, esperam apenas lucrar às custas do momento de medo e vulnerabilidade. Passadas duas ou três semanas da guerra, comecei a ouvir um relato ou outro sobre pessoas que foram assaltadas em suas próprias residências ou que, após passarem os primeiros dias fora da cidade, retornaram só para encontrar seus apartamentos violados, sem TV, joias e quaisquer outros itens de pequeno e médio porte que pudessem ter grande valor. Casos isolados, porém assustadores.

Quando se recebe esse tipo de informação, o seu estado de alerta interno entra num novo nível. Em quem confiar? Estávamos, mesmo, seguros naquele apartamento do décimo andar? Embora vivêssemos num bairro bem localizado, dotado de certa segurança, não conhecíamos nenhum dos nossos vizinhos e nada sabíamos sobre as pessoas que circulavam por ali.

Certo dia, assisti pela internet sobre como os criminosos identificam os apartamentos cujas famílias podem estar fora de suas residências. Claro, deve ser muito menos trabalhoso furtar quando não há qualquer impedimento humano no local. A tática é simples: do lado de fora, eles ficam observando as janelas do prédio, ao longo de alguns dias; se a luz da residência se mantém apagada o tempo todo, muito provavelmente ninguém está vivendo no local. E assim eles encontram meios de adentrar o prédio e roubar tudo o que for possível carregar no próprio corpo.

Outra forma de saber se o local está vazio é feita já dentro do prédio. O bandido deixa um saco de lixo ou panfleto de restaurante em frente à porta de um apartamento; se, nos dias seguintes, ninguém o remover, pronto: apartamento sem dono. E foi por isso que, um belo dia, quando deparei com caixas de papelão vazias em frente à porta do nosso apartamento, fiquei muito preocupada. *Será que foi só um vizinho preguiçoso que não quis descer com o lixo ou nosso apartamento está sendo visado por algum criminoso?*, me questionei.

Jogamos as caixas fora, mas ainda assim não consegui encontrar aquele tão desejado senso de segurança por semanas a seguir.

E, se deixar claro que nosso apartamento estava ocupado era até "necessário", meu grande temor era cair em algum golpe e sermos assaltados dentro da nossa residência. Num canal de notícias, assisti sobre uma mulher que apertava a campainha de um apartamento e aguardava até que fosse atendida, fingindo pedir ajuda com algo. Porém, fora do alcance do olho mágico da porta, estava seu parceiro de crime. As câmeras de segurança do prédio revelaram que, no corredor ao lado, seu parceiro aguardava com uma arma na mão. Ele ficava escondido, esperando que o apelo da moça fosse atendido e alguém abrisse a porta, liberando o caminho para a conclusão do crime.

Nenhuma dessas histórias eu esqueci e fiz questão de recordá-las porque eu sabia que deveria "aprender" com elas. Assim como também aprendi que, caso um grupo de homens aparecesse, dizendo serem policiais, eu não deveria abrir a porta, mesmo que eles fizessem ameaças. Sem um pedido formal para adentrar o apartamento, eu deveria ser categórica na minha resposta: "Não vou abrir e vou ligar para a polícia". Meu medo não é só dos bandidos que já existem, mas daqueles que nascem diante do caos.

O PREÇO SALGADO

E quem diria, o humor também existe em período de guerra. Abstrato como poderia ser, não tem bomba que o intimide. Então, ele existe, guardado na mente de quem não corre os riscos mais absurdos, e tendo o devido respeito para não rir da morte, dos abusos e da violência — ele tem limites. Sua existência mostra que rir é mesmo algum tipo de remédio, nesses casos em que se aplica o riso para não chorar, para superar alguma situação difícil. Afinal, o que é o humor, a graça e a piada senão uma forma de expor as injustiças da realidade de modo que possamos rir e aprender com elas? E, sim, aqui o humor ucraniano também vai à luta.

A guerra desestabiliza tudo: o toque de recolher é imposto à população, as opções de transporte público diminuem, o horário de funcionamento do comércio fica restrito, a logística da entrega e recebimento de produtos é afetada devido aos ataques; isso, é claro, leva ao aumento do preço dos produtos. A demanda pode até ser a mesma, mas, se chegam menos produtos às prateleiras do mercado, pode ter certeza de que o dono do comércio vai acabar subindo o preço e quem vai pagar por ele é você. Só para ter uma ideia, em abril de 2022, quando a Ucrânia enfrentava o segundo mês em guerra, o preço dos alimentos e bebidas não alcoólicas já havia subido 22,4% e os preços dos vegetais, esses subiram impressionantes 67,2%.

Um produto, em específico, ganhou as redes sociais após seu preço ter subido treze vezes seu valor original: o sal da Artemsil.

Antes do início dos conflitos, 1 quilo desse sal custava em média 6,70 UAH (o equivalente na época a R$ 1,10), porém, em meados do fim de maio, o produto chegou a custar 95 UAH (equivalente a R$ 15,00). Isso se deu porque a Artemsil – que é a maior empresa estatal de produção de sal da Ucrânia – está situada na região de Donetsk, bem ao Leste do país, onde os conflitos são intensos.

O prédio administrativo da empresa havia sido parcialmente destruído e os bombardeios atingiram tanto as minas de sal como o transporte ferroviário, pelo qual era feita a distribuição do produto a outras regiões da Ucrânia. Assim, quando, em 23 de maio, o diretor da empresa anunciou que encerraria as operações da Artemsil, a compreensão de que o produto poderia se tornar escasso motivou ainda mais a sua procura nos mercados, ocasionando a alta do preço. O valor absurdo pelo qual o sal estava sendo vendido gerou reações nervosas e preocupantes pela internet, mas também houve quem, no meio de tanta revolta, achou o humor.

Um vídeo viralizou nas redes sociais. Nele, duas mulheres de óculos escuros se passavam por traficantes e reempacotavam o sal da Artemsil em embalagens menores, como se fosse uma droga – a trilha da série *Narcos* não deixava dúvidas sobre a associação que estava sendo feita. O vídeo era curto, mas bem direto: o "pó branco" do sal parecia tão caro quanto a cocaína, um negócio muito "lucrativo" naquele momento.

Dias após esse vídeo ser compartilhado nos grupos de Telegram, vi outro, onde um carro preto e todo insulfilmado parava em frente à pessoa com a câmera e, em segundos, uma transação era feita. Um homem sentado no banco do passageiro abria a janela do carro, entregava 2 quilos de sal e, em troca, recebia o equivalente a 200 dólares em espécie.

A alta dos preços é coisa séria, ela não tem graça nenhuma e não agrada ninguém, mas, sob determinado ângulo, encontramos o humor agindo como a linha transversal que corta duas realidades distintas e paralelas. Fazer "graça" de tamanha desgraça pode não resolver o problema, mas, às vezes, rir é a única coisa que nos ajuda a seguir em frente.

VIRAMOS NOTÍCIA NO CORTIÇO

Este é o terceiro apartamento onde temos vivido nos últimos três meses. Estamos no centro da cidade de Odessa, vivendo no que talvez (até hoje) a melhor descrição seja: um cortiço.

O acesso às residências se dá por um portão grande, de onde, ao fim do corredor, vemos o pátio central. Em volta dele há pequenos prédios de até quatro andares, que foram construídos com pedra branca e que, quando quebradas pela falta de manutenção, revelam pequenas conchas do mar. As paredes, no entanto, são grossas, e por essa razão é comum que, do lado de dentro dos apartamentos, as janelas possuam uma pequena bancada que ora serve de jardineira, de espaço para banho de sol ou de dispensa para mercadorias.

Já os vizinhos, ah, esses são como em qualquer lugar. Um tem cachorro que late de dia, o outro tem gato que mia de noite, um terceiro tem filho pequeno que chora de madrugada, tem criança que brinca no pátio, ao voltar da escola, e também tem as senhoras que proseiam compartilhando o noticiário dos moradores do cortiço todo. E, nesta manhã, eu e Sergei caímos na boca do povo.

Não faz nem dez dias que nos mudamos pra cá. O nosso novo apartamento tem três cômodos: um quarto, um banheiro e uma cozinha. A janela do quarto dá para o corredor escuro onde todo mundo passa, e ali não bate sol. Já as janelas da cozinha dão para aquele pátio onde tudo acontece e onde o raio de sol se espreme, pelas persianas, poucas horas do dia. Mas é também por essas janelas que me dou conta dos olhares perdidos dos outros vizinhos em suas janelas. Às vezes alguém aparece numa sacada para botar roupa no varal, para atender um telefonema ou para descansar a vista na vida alheia. Normal.

Não sei quem é quem nesta pequena comunidade. Não sei o nome dos vizinhos, nem do gatinho alaranjado que às vezes dá as caras. Tem um bebê que chora toda noite, mas não sei nem se é menino ou menina. Talvez as senhorinhas saibam. Além de não saber os nomes, não sei nada sobre o caráter dos outros moradores. *Quem será o fanfarrão sem noção que mora aqui? Com certeza deve haver um*, penso comigo. Ontem, mesmo sem ver seus rostos, três deles se revelaram no fim da noite, no que era para ser o começo da minha noite de sono.

Por volta das 22 horas, eu e Sergei já nos preparávamos para deitar. Assistimos meio episódio de "*Cosmos, Possible World*" ("Cosmos, mundos possíveis"), apresentado pelo astrofísico Neil deGrasse Tyson, e decidimos apagar as luzes, desligar o notebook e descansar. Sei que é coincidência a gente apagar a luz e três seres humanos surgirem, do nada, conversando de frente para nossa janela, mas às vezes parece que o destino brinca com a gente. Como eles estavam do lado de dentro do cortiço, cujo acesso só é permitido a quem tem a chave, isso só poderia significar que pelo menos um deles era *morador* daqui. Fiquei torcendo para que a conversa fosse breve.

Entendo que o toque de recolher (das 23 horas às 6 horas) é o que impede as pessoas de ficarem conversando na rua lá fora ou no barzinho, mas tenho absoluta certeza de que, dentro de suas próprias residências, o bate-papo em altas horas ainda é permitido. Então, por que raios certas pessoas insistem em conversar bem defronte à nossa residência?

Aquela sensação de "estou quase dormindo" foi embora em cinco minutos. Tapei o ouvido com o braço sobre a cabeça e ainda ouvia resquícios da conversinha. Não eram sussurros, era uma conversa normal, sobre algum assunto interessante que levava a entonações mais altas. *Desta vez não vai ser como em Lviv, vou mostrar que estão incomodando!*, pensei comigo. Passada a meia hora de tolerância que eu "me permiti dar a eles", levantei da cama, fui na cozinha e limpei a garganta como quem diz "ahamm". O volume da conversa diminuiu um pouco, mas não cessou.

Voltei pra cama frustrada e agora torcendo para que alguma "*babushka*" (avó, senhora) saísse na sacada e mandasse aquele povo dormir. Para minha surpresa, ninguém apareceu. Meia hora mais tarde, levantei da cama de novo. Desta vez, já sentindo a fumaça do cigarro deles invadindo o ambiente, acendi a luz da cozinha, peguei o banquinho e fechei a parte superior da janela, que estava semiaberta. *Deixar nossa indignação mais clara que isso não é necessário né?* Mas, como não sou boba nem nada, tomei um remedinho para dormir, daqueles que abafam qualquer conversa entre a parede e a porta fechada. Fui para a cama dormir.

Na manhã seguinte, enquanto eu preparava o café da manhã, com a persiana da cozinha deixando a luz do sol entrar, vi uma senhora parada na escada bem de frente à nossa janela esquerda, *me fitando*. Achei estranho, mas vai ver era só curiosidade dela. Não banquei a simpática e nem fiz cara feia. Só ignorei. Horas mais tarde, quando estávamos saindo do apartamento, vi a mesma senhora conversando com outra mulher do outro lado do pátio. *Não vou dar bom-dia pra ela depois daquela encarada que ela me deu.* Fiquei parada enquanto Sergei trancava a porta do apartamento.

De repente, essa senhora vem à nossa direção e pergunta "Vocês estavam aqui ontem à noite?" *— Hm, sim, estamos aqui há pelo menos dez noites*, pensei. Sergei disse que sim e ela, educadamente, mas me olhando bem nos olhos, disse "Vocês podem conversar mais baixo da próxima vez? E à meia-noite e meia já é tarde demais para ficar falando". Ah... claro, ela pensou que éramos nós quem estávamos naquele conversê todo. Sergei logo a corrigiu: "Aquilo não foi a gente! Não sei quem foi, mas eles vêm aqui, fumam bem debaixo da nossa janela e também ficamos incomodados".

Eu queria dizer alguma coisa, queria dizer que concordo com o incômodo dela, mas me faltaram palavras em russo para explicar. Então eu disse apenas "Eu queria dormir e não consegui" e fiz um gesto que talvez auxiliasse na comunicação: cerrei os punhos em frente ao peito como quem estava doida pra dar um soco na turminha da noite. Bom, acho que eu não precisava falar mais nada. Estava claro que nem russo eu falo direito para poder ser responsável pela *conversa* que atrapalhou a noite do cortiço todo e que virou tema de fofoca na manhã seguinte.

Fato é: horas mais tarde, um dos envolvidos no "incidente" foi identificado pela senhora investigadora. Ouvi uma conversa curta e agitada que, espero, tenha botado um fim em qualquer plano futuro de nos manter acordados à noite novamente.

#SITLIKEAGIRL

Eu não fico de olho nos "*trending topics*" e nem nas "hashtags" do momento, mas às vezes acontece de um determinado tema aparecer na minha *timeline* e chamar minha atenção. Aliás, acho que é para isso mesmo que serve a hashtag: para capturar sua atenção, para mostrar que, na internet, as pessoas manifestam a mesma opinião, usando uma única frase ou palavra. Eu mesma já usei a hashtag "*I stand with Ukraine*" ("Estou com a Ucrânia") algumas vezes.

Nem toda hashtag ganha uma adesão tão grande, e seu tempo de vida varia bastante. Tem assuntos que parecem nunca sair de moda e tem outros que duram claramente só um instante, ou só um Carnaval, um Natal ou mesmo um Dia das mães.

Dias atrás, vagando pelo Instagram, vi a foto de uma produtora com quem eu trabalho aqui em Odessa. Na foto, tirada na academia, ela estava sentada de pernas abertas, com os braços apoiados sobre as coxas e as mãos entrelaçadas em frente ao peito — pose que, em tempos modernos, lembra o *menspreading*. O termo em inglês "*manspreading*" é utilizado para se referir a homens que, ao se sentarem dessa maneira, ocupam mais espaço do que lhes foi determinado, por exemplo, em transportes públicos ou salas de espera.

Sentar de pernas abertas não é o problema, invadir o espaço do outro, sim. É o que em português a gente talvez possa chamar de "homem folgado que perde a noção do espaço". E, é claro, também tem mulher que, ocasionalmente, senta assim de pernas abertas — por que não?

A foto que vi no Instagram vinha acompanhada da hashtag *"Sit like a girl"* ("Sente-se como uma garota"). Ah, pelo teor, imaginei que a expressão fosse só o topo de um iceberg de ideias e posicionamentos. Para quem não sabe, quando você clica na hashtag, o aplicativo lhe mostra uma lista com as fotos mais recentes onde a mesma # foi usada. Cliquei nela e logo surgiu uma lista de dez mil posts onde diferentes mulheres se sentavam da mesma forma. Talvez dez mil publicações no período de um mês não seja lá grande coisa, mas acho que ainda assim simboliza uma ideia. A questão que me vinha em mente ao ver aquelas fotos era: *por que estão usando esta hashtag?*

Não demorei muito a entender que aquele termo estava sendo usado como forma de apoiar a primeira-dama da Ucrânia, Olena Zelenska, após uma repercussão um tanto acalorada sobre sua entrevista para a revista norte-americana *Vogue*. Em uma das fotos publicadas na matéria, a primeira-dama se sentava naquela mesma pose. Pelo que pude entender, entre outras razões, Zelenska estava sendo criticada por leitores que diziam que aquela pose não era "digna de uma primeira-dama", nem mesmo de uma mulher.

Divulgada em 26 de julho de 2022, a matéria dividiu a opinião pública tanto na Ucrânia como mundo afora. Alguns a consideraram um absurdo, devido ao contexto em que foi feita — criticaram Zelenska por ela ter cedido uma entrevista, enquanto soldados se sacrificam, fazendo o duro trabalho na linha de frente. Outros, porém, viram a publicação como uma forma de levar a mensagem do povo ucraniano a outro continente e mostrar que a primeira-dama não é apenas o título que ela carrega; ela é, como muitas outras mulheres ucranianas, uma mãe com preocupações reais sobre a segurança de seus filhos e com o futuro deste ainda "jovem" país.

Quanto ao timing da entrevista, acho que o momento não poderia ser mais oportuno. A Ucrânia precisa sim ser mais bem conhecida por nossos conterrâneos da América como um todo e o acidente em Chernobyl não pode ser a única coisa a ser associada a este país. Seria ótimo que Olena não tivesse ganhado a capa da *Vogue* só porque os olhos do mundo estão debatendo a guerra, mas é assim. Para a mídia, esse é o assunto do momento.

Contudo, chega a ser lamentável que, diante de questões tão mais importantes para o futuro da Ucrânia, os leitores percam seu tempo questionando os "modos" e "poses" da primeira-dama. Pois sim, uma mulher também tem suas razões para deixar os adornos de lado, descer do salto e manter as pernas firmes no chão, até mesmo assim: abertas. Concordo; o uso de uma hashtag pode ter sido um ato quase banal "de revolta", mas ele serviu para demonstrar o incômodo de outras mulheres com a (ainda existente) demanda por mensurar a força feminina unicamente por gestos delicados. Mulheres não lutam de bico fino e os tiros não são de diamante.

O RETORNO AO BRASIL

Hoje, 23 de setembro de 2022, faz dois dias que cheguei ao Brasil para o que pode ser um retorno permanente ou uma visita temporária. Foi uma partida sofrida, um trajeto longo e cansativo, que acabou numa corrida em lágrimas aos abraços calorosos da minha mãe e de minha amiga Violeta, que me receberam no aeroporto. Eu sabia que sentiria um misto de emoções ao voltar, só não achei que, tão cedo sentiria um confronto entre estar aqui, enquanto minha atenção está lá na Ucrânia. Aliás, amanhã faz exatamente sete meses que os russos invadiram a Ucrânia.

Compartilhei com poucas pessoas que voltaria ao Brasil, pois não me sentia segura de que tudo daria certo no trajeto; e, para não acabar recebendo qualquer tipo de celebração antecipada, insinuei meu retorno só quando já estava na metade do caminho.

A primeira parte da viagem foi feita de ônibus. De Odessa, na Ucrânia, até Varsóvia, na Polônia, foram 25 horas de viagem. Durante a noite paramos em quatro rodoviárias de cidades menores, onde todas as lanchonetes estavam fechadas devido ao toque de recolher. Os passageiros, em sua maioria mulheres, desciam apenas para fumar e esticar as pernas; as mais velhas fumavam cigarros comuns e as mais novas, cigarros eletrônicos. Também notei que os primeiros passageiros falavam russo e os últimos, que adentraram o ônibus em cidades já mais ao Oeste do país, falavam apenas ucraniano.

Na fronteira com a Polônia, a parada durou quatro horas, tempo necessário para a verificação dos documentos de todos os passageiros. Chegamos na rodoviária de Varsóvia às 19 horas de uma segunda-feira fria e chuvosa. Já no dia seguinte, após pernoitar em um hotel nas proximidades, peguei um voo, em direção ao Brasil, que fazia conexão com a França por cinco horas, antes de seguir viagem a Guarulhos, em São Paulo. Foram quatro dias me distanciando da Ucrânia e me aproximando do Brasil. Um distanciamento físico, porém não emocional.

Do aeroporto Charles de Gaulle, em Paris, na França, revelei no Instagram que estava voltando ao Brasil. Logo em seguida recebi uma mensagem da Lys, uma brasileira que vivia em Kyiv e que se refugiou na Suíça após a invasão — tendo também que deixar seu marido para trás. A princípio, senti conforto na mensagem dela, que dizia apenas: "Quando e se precisar conversar, tô aqui". Mas por alguma razão, suas palavras não saíram da minha cabeça nos dias que se seguiram. Era como se, de alguma forma, ela estivesse me alertando "Hey, você vai sair da Ucrânia, mas a Ucrânia não vai sair de você". Me parecia curioso.

A mensagem da Lys me lembrava o consolo que recebi dos meus amigos mais próximos no começo da invasão, quando eles souberam que eu não deixaria a Ucrânia — algo como: "Dias difíceis podem surgir à sua frente, e estou aqui, caso queira conversar com alguém". Então por que eu recebia essa mensagem da Lys logo agora, que estava voltando para o conforto e segurança do meu antigo lar, para os aconchego da minha mãe, para os velhos amigos de infância e para meus gatinhos companheiros de todas as tardes? Todo mundo parecia celebrar meu retorno como uma "vitória", enquanto Lys me deixava esse quase "aviso".

Observando a nova vida da Lys, na Suíça, pela rede social, não me parecia que a vida dela estivesse sendo difícil — pudera, as reais lágrimas dificilmente estampam o *feed* de notícias. Acho que já faz uns três meses que ela partiu de Kyiv. Sei que ela arranjou um emprego e tem conseguido manter uma vida aparentemente digna, num apartamento alugado, onde vive com seu gato refugiado chamado Iábluco (Яблуко, em ucraniano, que significa maçã). As fotos e vídeos mais recentes da Lys, feliz, não condiziam com o tom de seriedade da mensagem que ela havia enviado. O que poderia ser tão complicado?

Saudade do marido a gente sente e eu já passei por essa experiência em outra ocasião, quando, mesmo após casados, Sergei teve que retornar à Ucrânia para procurar emprego e acabamos vivendo um casamento a distância por nove meses. Seria isso? Eu sabia que essa nossa nova separação poderia ser desafiadora, mas não contava que em tão poucos dias começaria a fazer sentido aquilo que Lys me disse.

Cheguei no Brasil no dia 21 de setembro. Enquanto o avião ainda estacionava no aeroporto de Guarulhos, eu me comunicava com Sergei usando o wi-fi da aeronave. Ali ele me informou que Putin havia começado a fazer uma *mobilização parcial* na Rússia — recrutando homens com idades entre dezoito e cinquenta anos com experiência militar prévia — para formar um novo exército de cerca de 300 mil homens para combater na Ucrânia. Além disso, também foi anunciado que, entre os dias 23 e 27 de setembro, ele faria um *referendo* em quatro dos territórios ucranianos ocupados (Donetsk, Luhansk, Kherson e Zaporizhzhia) para — numa forjada democracia — ver se os cidadãos concordavam que aqueles territórios fossem anexados à Rússia.

Logo entendi: eu chegava no Brasil no exato momento em que a guerra parecia entrar numa nova fase, recebendo inclusive novas ameaças do Putin em usar armas nucleares contra os "inimigos do Oeste" para defender o (novo) território "russo". A mensagem da Lys começou a ecoar na minha mente e eu nem sequer havia pisado em solo brasileiro.

De qualquer forma, imaginei que os primeiros dias agitados e ocupados, recebendo mensagens de amigos e conhecidos que se alegraram com meu retorno, me trariam a distração necessária para não me preocupar demais com o que ainda acontecia na Ucrânia. Grande engano.

Hoje, depois de um período até "calmo", Odessa foi alvo de ataques novamente. Desta vez, com drones kamikazes. Quatro deles foram abatidos, mas o dia acabou com um morto, uma explosão em um posto de gasolina e um ataque a um prédio administrativo. Sergei me avisou, assim que ouviu os disparos da defesa aérea, e eu colei os olhos nos grupos de Telegram para obter mais informações sobre o que estava acontecendo. Eu passei o dia aqui, com a cabeça e o coração lá.

No final do dia, após um café com amigos da família, andando pelo mercado com minha mãe, me senti desconectada do alto preço da carne no Brasil, do valor absurdo dos docinhos de padaria e das tensões políticas diante das novas eleições presidenciais. Senti como se ninguém mais ao meu redor pudesse compreender a dor e a raiva que eu sentia por algo horrível que se passava do outro lado do mundo. O que se passa lá ainda é, pra mim, tão real quanto o inegável momento presente daqui. Eu acho que entendi as palavras da Lys.

O ESSENCIAL DO NOSSO LAR

Naquela tarde, eu chegava em casa, às pressas, com uma sacola plástica nas mãos.Talvez eu tivesse ido ao mercado. Voltava para casa de cabeça baixa, como se tentasse escapar da primeira gota de chuva prestes a cair do céu. Não havia mais ninguém na rua, nenhum rosto amigo para quem eu pudesse sorrir e que, talvez em um retorno simbólico, me ajudasse a me sentir em casa. Entrei pela sala, deixei os calçados na porta e olhei ao redor. Uma mala pequena azul, próxima à janela e o armário de portas abertas. Será que alguém passou por aqui?

Fui ver se estava faltando algo. As roupas nos cabides eram poucas, as essenciais. Meu velho sobretudo preto, minha jaqueta marrom e algumas camisas do Sergei. Aliás, onde ele está? Não vi seus livros empilhados em nenhum canto da casa. Achei estranho, mas segui com a vida e fui à cozinha preparar um café.

Era outro dia. Desta vez eu chegava em casa em meio a uma cidade agitada. Os carros passavam ligeiros com seus vidros fechados, as pessoas caminhavam apressadas a algum lugar e ninguém conversava em público. Nenhuma conversa entre os que esperavam no ponto de ônibus, entre os que fumavam na saída do mercado ou entre as mulheres que cumpriam a missão de passear com seus cachorros. Cheguei no prédio, subi as escadas e entrei pela porta da cozinha. Estranho. A cozinha parecia menor do que antes, as panelas que usei pela manhã não estavam mais lá e nem o que sobrou do café estava na estante.

Fiquei confusa. E cadê o Sergei? Fui ao banheiro e reparei que as toalhas não combinavam. Temos tantos pares de toalhas e ali estavam aquelas ímpares com desenhos estranhos que a gente só usava nas viagens à praia.

Outra tarde, outro dia. Mais uma vez, ia para casa sozinha. Cheguei já confusa. Entrei por uma sala que não reconhecia e temi estar no apartamento errado. Como pode? A chave serviu!? Fiquei tentando ver sentido na situação.

Fui pendurar as chaves ao lado da porta (como num reflexo condicionado) e reparei que a parede estava lisa, como se nada nunca tivesse sido pregado ali. Fui correndo ao quarto à procura de Sergei, para ver se ele me explicava o que estava acontecendo. Não o achei. Não achei nada dele. Após revirar tudo, reparei que seu tabuleiro de xadrez estava ainda no armário, não sei se escondido ou esquecido. Por que está tudo fora de lugar? Eu precisava me sentar. Olhei para o sofá-cama e ele já não tinha a mesma cor, a parede da sala era diferente e naquela janela não havia mais cortina. Liguei para Sergei desesperada para saber onde ele estava e ele respondeu: “Estou aqui na casa da minha mãe”.

Nunca me senti tão confusa como naquelas últimas tardes, ou naqueles últimos minutos. Comecei a chorar, me perguntando por que tudo estava mudando tão rápido e por que eu não me lembrava de nada. Nenhuma casa parecia realmente nossa. Sergei nunca estava presente. Em cada lugar só havia alguns dos nossos pertences, algumas das nossas lembranças. E eu estava sempre sozinha.

O desespero era tão real que, sentada naquele sofá imaginário, o grito interno quebrou o feitiço, interrompeu o sono e me tirou de um *pesadelo*. Acordei sozinha na nossa velha cama, do nosso Brasil. Abri os olhos para o que era, finalmente, real.

O pesadelo que tive era a manifestação do que vinha me incomodando nos últimos meses: nossa vida nômade, enquanto procurávamos um lugar mais seguro e em conta para viver. Em seis meses passamos por cinco apartamentos. Nossos pertences eram levados em pesadas malas, que arrastamos de trem em trem, degrau por degrau. Acordamos em diferentes quartos, preparamos nossas refeições em diferentes cozinhas e tivemos diferentes vizinhos que nunca chegamos de fato a conhecer.

Hoje, porém, faz um mês que parti da Ucrânia. Estou de volta à companhia da mãe e dos gatinhos, mas sinto que ainda estou me adaptando à vida aqui. Posso dizer com segurança que estou "em casa", mas parte essencial do meu lar ainda está na Ucrânia.

É COPA E É GUERRA

Hoje é 24 de novembro de 2022, é dia do primeiro jogo da seleção brasileira na Copa do Qatar e a data que marca os nove meses de guerra na Ucrânia. Não sei se choro ou se celebro: é confuso fazer os dois ao mesmo tempo. Na minha cabeça, enquanto ligo a TV e leio as notícias, os dois eventos se unem de forma caótica, então escrevo para que eu não me esqueça.

É guerra e é Copa. Quem está em campo? Sua amada nação? O novo herói? Que resultado você espera desse jogo marcado, dessa guerra suja? Coloca a chuteira, o colete, a camisa e o capacete. Vai a campo brigar, ganhar, protestar, meter um gol. Ergue a bandeira, cava a trincheira, canta o hino e denuncia o crime de guerra. Cartão vermelho pra quem invadiu seu espaço, pra quem cometeu tortura. Quem é o juiz quando se destrói uma cultura? Corre com garra, sua a camisa, limpa a ferida, levanta e segue a partida. Trabalha em equipe, atende o chamado, faz marcação e não esqueça jamais a munição.

Batalha acirrada. Momentos de definição. Estende a mão ao colega soldado que caiu no chão. Uma bomba perdida, mais uma criança sem vida. Onde está a ajuda, o patrocínio? Quem vai financiar sua armadura, tratar sua queimadura? Veja, de longe vem o talento de outra nação, o serviço humanitário e o mercenário. Elimina uma base inimiga, marca um gol. Vibra! Agita a bandeira! Em volta do campo, a torcida grita, e, no centro dele, chora a pobre família.

Vai, mostra o seu serviço. Bate no peito o amor à pátria, chora por ela, viva e espero que não precise morrer por ela. Mas o que fazer se seu amor for colocado à prova? Onde vai morar sua lealdade, bravura e dignidade? Vai trocar de time, bandeira e nacionalidade? Se render diante da sede, da fome ou da falta de eletricidade? A decisão vem com um custo e um preço, definindo seu novo endereço: o salário para uma nova mansão ou toda uma vida dentro de um caixão... O que almeja? Se aproximar da morte ou contar com a sorte? Não desista, eu sei que você é forte.

OS ESCOMBROS NA RUA AO LADO

Depois de nove meses distante e uma cirurgia no Brasil, em julho de 2023 eu finalmente estava de volta à Ucrânia para ficar com a pessoa que me faz sentir valente o bastante para encarar todos os desafios da vida. Nos mudamos para um novo apartamento com vista para o porto da cidade e, caixa por caixa, remontamos o que será nosso lar pelos próximos doze meses. Agora já temos "nosso quarto, sala e cozinha".

Quando vi o anúncio deste apartamento na internet, ainda no Brasil, pensei que talvez não fosse lá tão "boa ideia" escolher um lugar para morar na região portuária — alvo óbvio em caso de ataque. Porém, há duas semanas estávamos avaliando as opções e este apartamento tinha todas as características que a gente buscava: espaçoso, próximo ao centro da cidade e à casa da minha sogra, com um escritório para Sergei trabalhar, uma sala com TV para jogarmos e assistirmos filmes e cômodos com ampla iluminação natural. Não parecia um lar temporário. Conseguíamos nos ver claramente construindo uma nova vida aqui.

E se, para muitos dos amigos que deixei no Brasil, parecia questionável eu retornar ao país ainda em guerra, para mim a questão já estava definida. O mais importante, e o que eu mais queria, era continuar minha jornada ao lado do meu companheiro. Eu nem via como uma questão de "escolha". Eu fiz o que tinha que fazer no Brasil e lá aproveitei tudo o que pude — carinho de mãe, encontro com amigos, companhia dos gatinhos — e voltei. Não retornei pensando no que ainda poderia acontecer, pois imaginar o pior é, sem dúvida alguma, a *pior* maneira de viver o presente. Simplesmente vim.

Não tardou, porém, para vivenciarmos noites interrompidas com alarmes e ataques aéreos — o que causou em mim uma certa sensação de familiaridade, infelizmente. Seis dias após minha chegada em Odessa, aquela linda vista para o porto havia se tornado um cenário semelhante a *Guerra nas Estrelas*, e para, quem sabe, minimizar os riscos, passamos a dormir na sala. O que a gente não sabia é que, logo na noite seguinte, esses mesmos riscos chegariam bem perto de nós, de uma forma que não havíamos visto, nem vivido antes.

No dia 23 de julho, um estrondo repentino aconteceu pela madrugada e o apartamento inteiro tremeu. Não houve (ou pelo menos não ouvimos) qualquer tipo de alarme que pudesse antecipar a situação. Foi tudo rápido como um tiro: a explosão, meu pulo do sofá-cama e as perguntas que eu não sabia responder: *Será que o nosso prédio foi atingido? Será que devemos descer pelas escadas? Se sairmos poderemos voltar? E que cheiro estranho é esse?!* Sergei veio logo em seguida. Seu corpo mal acordado se levantou e me disse que sentiu algo atingindo suas pernas sobre o lençol: eram os estilhaços de vidro de uma das portas que dava para a sacada. Por sorte, não se feriu.

Dizem que, se não for possível ir até um abrigo antibomba, o mais seguro é ficar em um cômodo protegido por duas paredes; por isso, o banheiro de 3 m^2 se tornou nosso pequeno refúgio, de onde ouvíamos o som de alarme, tiros e explosões se misturando lá fora. Assim que entrei, iluminei a área com o celular e vi pequenos pedaços de reboco sobre a pia. Juro que a princípio não havia entendido como aquilo havia parado ali. Será que o teto está literalmente se quebrando sobre nós? Olhei para cima e notei que o exaustor estava pendurado por um fio. Veio dali!

E no corrido trajeto até o banheiro eu nem sequer reparei que a porta de entrada do apartamento estava totalmente escancarada. Sergei veio e me mostrou que, no chão, ao final do corredor, estava a fechadura da porta. Como pode?! Naquela hora me ocorreu que, se tivéssemos simplesmente parados ou sentados no corredor, como já havíamos feito na noite anterior, aquela peça poderia ter nocauteado um de nós.

Eram quase quatro da manhã e, provavelmente, o prédio todo estava acordado. Pequenos passos apressados desciam as escadas e estranhas vozes lançavam indagações ao ar. Mas fiquei surpresa quando ouvi o elevador sendo chamado a outro andar. Quem tem coragem de descer de elevador durante um ataque? Péssima ideia. Sergei e eu ficamos juntos, quietos (a maior parte do tempo) e cheio de dúvidas, decifrando o que quer que pudéssemos ver, ouvir ou sentir. Sem dúvida alguma, gritos, fogo ou mesmo sinal de fumaça indicariam que deveríamos sair do prédio.

De repente, uma conversa ganhou volume no corredor do sétimo andar: um pai e seu filho se preparavam para ir ao térreo. O menino estava claramente agitado, com voz de choro. Não entendi o que ele dizia, mas para tudo seu pai respondia (sem esconder muito bem seu próprio nervosismo): "Calma, calma". Acho que a criança queria sair correndo escada abaixo, enquanto o pai tentava ser racional diante da situação. Ah, meu coração ficou inquieto ao ouvir o desespero na voz do menino.

Por experiência, sabemos que os ataques aqui na cidade não são longos. Tudo se encerra dentro de uns vinte minutos, quando todos os mísseis e drones foram quiçá abatidos e não há mais ameaça iminente — pelo menos é assim, até o caso de se iniciar uma nova onda de ataque. Só então podemos voltar à cama para dar continuidade ao sono — o que geralmente é em vão. Aquela noite não foi diferente. Passada toda a apreensão, deixamos os cacos de vidro na sala e fomos para o quarto dormir, debaixo de outro lençol.

Durante meia hora eu rolei na cama ouvindo vozes vindo da rua. Resolvi ir à cozinha tomar um copo d'água com açúcar e, quando me aproximei da janela, notei que todo o quarteirão da frente estava no escuro. Será que foi ali que o míssil atingiu? De onde estava, eu enxergava um grupo de pessoas usando celulares para iluminar a rua como se buscassem um tesouro. Em verdade, todos queriam encontrar destroços do míssil que havia interrompido aquela noite.

Fui tomada por uma certa ansiedade, torcendo para que os primeiros raios de sol despontassem no céu e eu pudesse dimensionar o que havia ocorrido, entretanto, não precisei aguardar muito. Lanternas potentes logo entraram em cena, disparando feixes de luz em todas as janelas dos prédios em volta, e, quando alguém apontou para o prédio verde que fica a menos de 80 metros da nossa janela, vi de relance o que parecia ser um buraco na fachada do terceiro andar. Paralisei. Tinha sido logo ali.

Ao todo, três prédios foram atingidos. Eles continuam de pé e nada indica que representem perigo para quem vive ali. Visto de fora, porém, os topos dos prédios se confundem num emaranhado só: pedaços de metais retorcidos, tábuas, tubos de condução de ar e fiações que já não conectam nada a lugar nenhum. A sacada de um dos prédios resiste sem as grades, e sobre ela, pesam apenas os escombros do que foi algum cômodo. Além disso, há também uma poeira grossa que cobre a superfície dos prédios, o asfalto e a copa das árvores de maneira homogênea. A cor da destruição é um "monotom" marrom. E essa cor que tem cheiro forte só foi varrida nos dias seguintes, com a ação do vento e da chuva que trouxeram de volta o frescor do mar com verão.

Aquela foi uma noite tensa e intensa; mas foi a manhã que mais me chocou. Às vezes relembro o momento da explosão, o buraco deixado nos prédios ao lado, e fico desejando que essa tenha sido a pior experiência que veremos a olhos nus. Mais perto que isso, nem em pesadelo. Assim espero. Esperar é tudo o que posso fazer.

INTERAÇÕES DESCONFORTÁVEIS COM OS HABITANTES DA MINHA RUA

Eu havia estabelecido um novo objetivo diário: ir até o final da rua, encontrar a gatinha, sentar no banco da praça e dar meu colinho pra ela. Enquanto uma mão afagaria o cangote da pequena, com a outra eu responderia mensagens de áudio no celular. O que eu não esperava era que, após certos eventos, o meu plano simples e perfeito revelaria a minha necessidade de agir com mais assertividade e de aprimorar, inclusive, minha comunicação não verbal.

Digo isso porque as recentes interações que tive com os habitantes aqui da rua escancararam a minha incapacidade de sair de situações minimamente desconfortáveis. Vamos falar claramente: a vida às vezes exige que a gente seja um pouco grossa, diretona; e não aprendi a fazer isso com maestria.

Praças, sabe como é: todo tipo de gente passa, e senta por ali, geralmente com um celular na mão — tem os jovens que acabaram de sair da escola e ouvem música nos seus *airpods* (fones de ouvido sem fio), tem o rapaz que assiste filme em plataformas de streaming, tem as senhorinhas modernas que trocam mensagens no Telegram, tem a moça que fuma um cigarro eletrônico e faz selfie e tem o cara mais velho que sai com o cachorro para dar uma volta. Enquanto um fica de olho nas gatas da área, o outro se amarga, lendo notícias pelo celular. E esses não são todos os tipos que frequentam o local. Recentemente conheci outros três. E, hoje, corro de pelo menos dois.

De quem eu não corro é da menina que deve ter uns oito anos. Naquela quarta à tarde eu já estava sentada no banco, com a gatinha no colo, quando essa menina de cabelos longos, amarrados em rabo de cavalo, apareceu com a irmã mais velha, uma adolescente. Ao que tudo indicava, aquele era o caminho pra casa e elas voltavam da escola.

A pausa no caminho era estratégica. A irmã mais velha sentou no banco ao meu lado e esqueceu do mundo ao seu redor, talvez até da própria irmã. Ela permaneceu ali imóvel, com os olhos travados no celular, ao passo que a jovem irmã corria de um lado pro outro, saltitante, brincando com todos os gatos à sua volta. Eu sabia que, mais cedo ou mais tarde, vendo que eu também brincava com uma gata no colo, a menina viria interagir comigo. Não demorou quase nada.

Ela veio e, como toda criança desinibida, começou a falar como se dispensássemos qualquer introdução. Sua segurança era tanta que, ao cravar os olhos em mim, nem por um segundo pareceu ter cogitado a ideia de que talvez eu fosse "diferente demais" para falar o mesmo idioma. Ela foi simplesmente falando. E eu, entendendo apenas pouco mais que a metade do que ela falava, assim, tão rapidamente, comecei a pensar: *Corto o barato dela agora e digo que não entendo bem o idioma ou deixo ela falar empolgadamente fazendo de conta que entendo tudo?* Mantive o contato visual e deixei que ela falasse.

Interromper criança animada mexe comigo. Pra mim, é mais fácil dizer a um adulto "Desculpa, não falo muito bem, mas entendo melhor do que falo". Agora, para criança?! Ah, eu não queria tirar o pique da menina, que, ignorada pela irmã mais velha, parecia ter encontrado em mim uma nova companhia na praça para brincar com gatos. Deixei-a falar e fiquei prestando atenção nas entonações — talvez eu eventualmente percebesse alguma pergunta pra mim e tivesse que responder alguma coisa. "É... desculpa, não entendi". Mas o que seria pior? Não sei. Entrei no jogo de quem faz que entende, porém temendo que, em breve, minha farsa fosse cair por terra.

Ela falou bastante! Contou inclusive uma longa história sobre um gato que ela tinha em casa e que por algum motivo fugiu e nunca mais voltou. Pena que não entendi muito bem, parecia ter sido mesmo uma história interessante. Percebi, no entanto, que eu precisava dizer alguma coisa. Aquele monólogo tinha que se tornar um diálogo ou eu ia parecer uma pessoa sem educação, que nunca responde nada, ou "muda" mesmo. Achei então que repetir algumas palavras que ela dizia daria a impressão de que eu estava ciente do que ela informava. E assim fui repetindo, uma palavra aqui e acolá, como um papagaio aprendendo a falar.

Jogando castanhas com força pelo chão para atrair a atenção dos gatos, a menina explicou:

— Uma vez joguei a castanha lááá embaixo — disse, mostrando a direção com as mãos. — Sabe o que a gatinha fez? Ela subiu o morro correndo, com a castanha nos dentes, e trouxe de volta pra mim.

— Ah, lá embaixo?! — repeti, usando as palavras que reconhecia com facilidade.

— Essa gata e o irmão dela gostam de brincar de pegar castanha. Sempre que venho aqui eles brincam de pegar castanha, correm atrás dos gravetos e brincam de se esconder nos arbustos do jardim. Eles são muito inteligentes.

— Ah, sim, inteligentes mesmo! — confirmei.

Apesar de eu ter falado pouquíssimo, a menina não pareceu incomodada com o meu silêncio "parcial". Incomodada estava eu, queimando meus neurônios para conseguir acompanhar a conversa. Depois de um tempo, aproveitando a distração dela com um gato que estava mais distante, fui embora e fiquei pensando em quantos encontros levaria até ela entender que o meu vocabulário em russo equivale provavelmente ao de uma criança de cinco anos.

Outro ser frequenta aquela rua diariamente, geralmente após o almoço e o noto a distância. O fato de estar sempre com a mesma blusa amarela, de aparência meio suja, e com a careca opaca me faz pensar que talvez seja um sem-teto. Ele está sempre no mesmo ponto e, no último banco da rua, atrás do jardim, ele se senta, onde parece facilmente ignorar a linda vista do porto. Ele está sempre sozinho e ocasionalmente tira um cigarro para fumar. Não sei se bebe; algumas de suas atitudes me fazem pensar que sim. Resmunga sozinho, emite uns sons estranhos e olha descaradamente para a alegria alheia, sem a intenção de estabelecer um contato sequer.

Aquela era a quarta vez que eu ia ver a gata no período da tarde e todos os dias eu enxergava esse senhor de amarelo, no mesmo lugar. Tenho a impressão de que ele também me notava indo em direção ao banco em frente ao jardim, não muito distante de onde ele ficava. Por ali sentei, aguardando a gatinha aparecer na área. Enquanto ela não chegava, tentei ficar confortável no banco e usei aquele momento para enviar mensagens aos amigos do Brasil. Não posso dizer que consegui relaxar, pois logo notei o ser da blusa amarela olhando na minha direção.

A verdade é que não fico à vontade perto de pessoas que se comportam de forma imprevisível. Não emito ruídos com a boca sem um objetivo claro, não faço gestos aleatórios com as mãos nem fico fitando todo esquisito que passa por mim. Permaneço imóvel, na minha, e, mesmo de óculos de sol, olho só de cantinho. O da blusa amarela, porém, aparentemente incomodado com a minha presença a dez metros de distância, se levantou do banco e, sem sair muito do lugar, começou a *chutar castanhas* na minha direção.

Como reagir? O que pensar? *É louco ou é violento*, pensei comigo. Ignorei a possibilidade de ele querer puxar conversa "brincando de chutar castanhas" e, sem esperar para ver o próximo capítulo dessa novela, achei melhor partir. Como dois seres disputando o domínio dos bancos e seus arredores, naquele instante ele certamente havia demarcado seu território: perto dele, só senta quem ele quer. Saí de fininho sem olhar para trás, tentando não demonstrar medo, e decidida a nunca mais buscar assento enquanto ele estiver por ali.

Certa manhã eu estava no banco com a gatinha no colo. Um senhor muito gentil passou com uma vassoura na mão, olhou para nós e disse algo como "Brincando com a gatinha?!". Sorri, afirmei e ele seguiu viagem dizendo "Agora vou trabalhar". Sei lá, sempre me gera uma sensação gostosa quando um estranho não me vê como estranha, como algo a ser ignorado e afastado. Mais feliz fico quando essa minha cara incomum, ao invés de afugentar, aproxima alguém que queira simplesmente dar um bom-dia, pedir alguma informação e puxar conversa. Me sinto mais "integrada" à sociedade. Sou diferente, mas eles me tratam bem.

Na semana seguinte àquele breve encontro, o mesmo senhorzinho aparece. Sem vassoura na mão, de chinelo e caminhando pela rua por onde passo todas as manhãs. Ele me reconhece e senta ao meu lado para puxar conversa. Parece um senhor humilde que também gosta de gatos. *Só pode ser gente boa*, penso comigo. Ele fala russo, numa fala já um tanto desgastada pela idade e de sorriso incompleto. Eu entendia uns bons 70% do que ele dizia, mas logo de cara avisei sobre o limite da minha comunicação. Tive a impressão de que, para me ajudar, ele até começou a falar mais devagar e não se incomodou com as vezes em que eu disse "Desculpa, não entendi".

Diferente da menina de oito anos que falava sobre os gatos, esse senhor logo começou a fazer perguntas a meu respeito. Na Ucrânia, muitas dessas conversas se iniciam com alguém me perguntando "Você estuda aqui?". Há muitos estrangeiros que vêm pra cá estudar, mas para mim, já chegando aos quarenta, é praticamente um elogio ser confundida com uma estudante.

E a conversa seguiu naquele ritmo, comigo explicando os fatos: "Meu marido é daqui", "Moro em Odessa há dois anos", "Não podemos ter gatos em casa etc. etc.". Quando ele me pergunta "Você tem filhos?", explico que não e pergunto a ele sobre sua família. Fico sabendo que ele tem três filhos, três netos e que mora ali perto. O papo ia bem e eu até me sentia orgulhosa por estar mantendo a conversa apesar da minha insegurança com o idioma. Só que, em breve, o tom da conversa tomou um rumo meio delicado...

Acho normal que perguntem se tenho filhos, todavia é um pouco "além da conta" quando a pergunta seguinte é "Por que não?". A explicação é um tanto pessoal. Não é para qualquer um que digo "Porque não consigo ter". Só que somos adultos, e ele já bem mais vivido do que eu. Achei que "falar a verdade" não deveria ser tabu nenhum, afinal, esse tipo de coisa acontece. De qualquer forma, tal pergunta me acendeu um primeiro alerta de desconforto.

E ele prosseguiu com: "Você e seu marido foram ao médico? Fizeram exames?" Hm, aí o alerta piscou mais forte e comecei a achar aquele papo íntimo demais. *Mas Paula, não é exatamente isso o que as pessoas querem saber quando você diz que não consegue engravidar?*, amenizei a razão da sua pergunta a mim mesma.

Eu não queria dar explicações e até tentei encontrar uma forma de mudar de assunto, mas não consegui pensar em nada muito rápido e respondi "Sim"; de forma simples e curta, para não dar espaço a mais indagação. Não adiantou. Ele fez outra pergunta; desta vez, porém, eu não havia entendido absolutamente nada: "Desculpe, não entendi. O que isso significa?", perguntei já preocupada em responder algo "inapropriado" a uma pergunta potencialmente perigosa.

E ele, apontando para a gata que eu acariciava, muda as palavras e diz "Seu marido faz isso que você faz no gato?", e logo em seguida passou a mão no meu joelho. Puxa, você jura que ele tocou em mim?! *Isso já é meio além da conta né, Paula?* Mas, olhando ali para aquele avô de três netos, fiquei sem reação. *Será que estou pirando sobre uma coisa inocente?*

Oscilei, não tinha nenhum manual explicando o que fazer. Por fim, respondi que eu e meu marido somos ótimos juntos e fui levantando do banco para dar comida aos gatinhos. Demonstrei urgência falando que tinha que ir embora.

Ele também levantou e disse algo como "Fala pro seu marido que é isso o que ele tem que fazer", e ele veio em minha direção como se fosse contar uma dica infalível e que ninguém mais podia ouvir. Nessa hora eu devia ter me tocado de que nada do que ele pudesse dizer seria coerente, vindo de um estranho que já se mostrou atrevido, porém caí na armadilha como um rato cego no escuro. Me curvei, como que para ouvir melhor o segredo a ser revelado, e de repente ele pôs a mão na minha cintura e lascou um beijo na minha bochecha! Quando me dei conta já era tarde! O beijo já havia acontecido.

Ergui as mãos o mais rápido possível em sinal de protesto e ele ainda disse ligeiramente, como se quisesse que eu retribuísse: "E você dá outro nele", virando a face pra mim. Perdeu a noção esse cara! Pior é que eu, sem saber demonstrar apropriadamente minha indignação — pois não queria ser grossa nem fazer cena —, fiz meu sinal de "Pare" na cara dele e soltei um "Eu tenho que ir embora, *tenha um bom dia*".

Tenha um bom dia, Paula?, não acredito que falei isso! Que desastre! Arrrrgh, que mensagem é essa? Eu estava furiosa, o que eu mais queria fazer era chegar em casa logo e nunca mais ter que ver aquele senhorzinho. *Como pode?! O que fez ele pensar que estava no direito de fazer isso?*, eu queria entender.

Num primeiro instante, fiquei furiosa comigo mesma. Me culpei por ter sido simpática demais, por ter permitido que me perguntasse coisas pessoais às quais eu não estava à vontade para responder. Voltei pra casa resmungando em silêncio e pensando que talvez fosse melhor nunca mais ir ver a gatinha para não encontrar aquele senhor de novo.

Há pouco mais de dois meses neste novo endereço, a rua por onde faço caminhadas, dou "bom-dia" para os senhores e senhoras que me reconhecem todas as manhãs e onde me encontro com os gatinhos já dava a sensação de ser "minha". Me sentia bem segura, tranquila e sabia até mesmo em que banco ia sentar e por qual gato esperar — como o senhor de amarelo, eu tinha "o meu ponto", pelas manhãs. Conforme fui testando outros horários, outras interações foram acontecendo. Me dei conta de que os frequentadores regulares daquela rua são regulares apenas em determinados horários. Até os gatos parecem percorrer outras ruas ao longo do dia.

Interagir com estranhos às vezes surpreende. Não é todo mundo que está pronto para responder um "bom-dia" e tem outros que não parecem prontos para responder coisa alguma — vai ver foi assim que a menina de oito anos me viu. E tem gente que, por grosseria ou falta de habilidade, interage de forma estranha, chutando castanhas na sua direção. Nossa capacidade de comunicação, principalmente a não verbal, às vezes precisa ser posta em prática também. Se as palavras lhe faltam à memória, como impor respeito e demonstrar insatisfação sem perder a linha? Não sei se tem manual pra isso, e talvez muita gente aprenda só na prática.

Eu pensei bastante na forma como reagi. Pensei no quanto não falei direito, não me expressei direito e percebi que, sem saber fazer melhor, saí de cena, corri. Aprendi alguma coisa "fugindo"? Hm, creio que sim. Talvez isso tenha me ajudado a ver que preciso melhorar a minha comunicação verbal (estudando mais, fazendo uma lista de expressões de emergência) e também a comunicação não verbal (sorrir menos, ter um olhar mais sério diante de assuntos desconfortáveis e não correr só porque chutaram castanhas na minha direção). Afinal, não posso deixar de andar "na minha rua" só por causa desses incômodos, certo?

ANIVERSÁRIO DE CASAMENTO

Nove anos atrás eu já sentia medo, mas os medos eram outros. Lá atrás, quando você largou tudo o que conhecia para ficar comigo numa terra tão distante — onde a criminalidade é tão alta quanto as gargalhadas de uma boa festa —, eu tinha medo de que a vida no Brasil fosse te surrar demais, que a dificuldade em conseguir um emprego satisfatório fosse te fazer desistir de "nós" e que eu me daria conta de que "conto com final feliz" só existe em livro para criança dormir. Errei em tudo.

Juntos traçamos nossas metas e, na corda bamba da vida, conseguimos realizar alguns dos nossos desejos. Hoje me alegro, ao relembrar as longas horas com o pé na estrada, os sabores que marcaram algumas viagens e os inúmeros entardeceres que câmera nenhuma retratou com fidelidade. Não foi nada tão rápido, nem tão simples.

Lembra de quando você voltou à Ucrânia para procurar emprego como programador, enquanto eu fazia mestrado no Brasil? Naquela época eu temi por nós, imaginei que logo você se daria conta de que a vida na Ucrânia era bem menos desafiadora e que um novo amor certamente cruzaria seu caminho. Mal sabia eu, mas aquele não seria o único período no qual estaríamos distantes. Desde o início do nosso relacionamento, a gente vive períodos assim: "juntos juntos" ou "juntos, porém distantes".

Sempre fui muito ansiosa e tive dificuldade em silenciar os meus *e se... tal coisa acontecer?* Eu me preocupava exacerbadamente com tudo e temia que, a qualquer instante, a vida fosse revelar-se injusta e acabar me provando que planejamento não garante o sucesso de ninguém. Talvez por isso eu tivesse a impressão de que a qualquer momento a desilusão bateria à minha porta. Meu lado mais fraco praticamente aguardava a confirmação: "Ah, eu sabia que ia dar ruim". E, falando francamente, ainda acredito que não exista nenhum plano bom o suficiente, à prova de bala, para felicidade ou para riqueza, que não possa ser interrompido por um acidente que tire tudo do rumo e destrua as oportunidades que antes pareciam tão claras. Dizem que a grande superação é continuar seguindo em frente apesar das dificuldades; ainda estou aprendendo essa lição.

O engraçado é que, quando as coisas começaram a se alinhar e a gente finalmente pôde desfrutar das nossas conquistas, a recompensa e a alegria duraram apenas um instante, pois logo eu estava preocupada com o desafio seguinte. E, quando questionei se toda aquela preocupação tinha valido a pena, me convenci de que aqueles pensamentos ansiosos me fizeram mais atenta, mais capaz de enxergar o perigo ou de imaginar/prever "todos os piores cenários possíveis". Puxa, tem algo errado aí, não tem? Ao invés de mirar as boas escolhas em busca dos melhores resultados, às vezes parece que me esforcei apenas em "driblar os piores desafios da vida". Será que venho errando desde o início?

Você sempre foi mais racional e otimista do que eu, até mais resiliente, inclusive. Você usa as ferramentas que tem às mãos, determina um plano e o segue sem pensar de quantas formas aquilo "pode dar errado". Já eu, mais emotiva, lamento muito quando algo não dá certo e sofro com isso, mesmo quando o resultado não dependia de mim para nada. Admiro sua atitude; você não perde tempo lamentando o que já foi, você olha pra frente sem dó, sem culpa. Podíamos ter partido antes de a guerra começar, mas resolvemos ficar. Você segue sabendo que um dia a guerra vai acabar, eu ainda me pego pensando em como tudo teria sido diferente se a gente tivesse partido.

Nove anos atrás, quando nos casamos, nem no pior dos cenários imaginei que um dia estaríamos "celebrando" nosso aniversário de casamento escondidos no banheiro de um apartamento, de frente para o porto de Odessa, tomando nosso café da manhã no chão, relembrando tudo o que a gente já viveu, ao som de ataques de drones e mísseis na cidade, numa manhã tão nublada. *Guerra* nunca foi algo que cogitei inserir no meu "combo de medos" porque, simplesmente, parecia impossível. Naquela época, não dei importância para aquilo que parecia distante de mim. Ainda bem! Já pensou se, lá atrás, eu já estivesse vivendo o temor do fim dos tempos? Do fim de tudo. Do fim do mundo!?

Hoje, mesmo reconhecendo os riscos que ainda corremos, dedico mais tempo a celebrar os acertos que fizemos juntos nessa vida. E eles não foram poucos, não é mesmo? Mas o mais importante, certamente, foi escolhermos estar sempre juntos... mesmo quando distantes.

Que a gente ainda possa celebrar muitos outros anos pertinho um do outro, mas que não seja espremidinhos no banheiro, e sim na praia, com a vista pro mar de que a gente tanto gosta.

O IDIOMA EM ODESSA

Já me parece confuso saber em qual idioma responder: russo ou ucraniano. Entro no táxi e por um segundo hesito em dizer o primeiro "Olá"; corro o risco de parecer insensível se disser em russo e corro o risco de não entender as palavras que vêm a seguir se eu disser em ucraniano.

No mercado, todos os atendentes e caixas atendem, por lei, em ucraniano, mas, se o cliente optar por responder em russo, o empregado pode responder no mesmo idioma para facilitar a comunicação ou simplesmente para agradar o cliente. Eu, depois de muitas idas ao mercado, tento integrar palavras ucranianas ao meu ainda pobre vocabulário russo e acabo falando algo parecido com "Surzhik" (uma mistura de russo e ucraniano) e que para nós, brasileiros, é algo como o "portunhol". Terrível mistura, mas, desde que convenha à mensagem, já não me importo mais. Encaro como um toque de doçura minha tentativa de falar qualquer coisa em ucraniano — sem grandes esforços, admito.

Já houve vezes, porém, em que, mesmo informando que não falo ucraniano, a atendente não usou o idioma russo. "Inglês, talvez?"; não teve jeito. Nessas horas marco bem a cara da pessoa e evito um próximo contato: só quero entrar, comprar, pagar e sair. Sem estresse. E, apesar de algumas comunicações frustradas, outras foram muito positivas, como a senhora do caixa que, ao me ver, se alegra pela oportunidade de falar o valor em inglês e pede minha ajuda para pronunciar da forma correta. Agora, quando a vejo em serviço, é na fila dela que vou, e sem pressa para sair!

Ah, basta estar fora de casa para as interações acontecerem. Às vezes esbarro com um vizinho saindo do elevador e solto um "Olá" em russo, quase sem pensar, mas aí vem como resposta um "Oi" em ucraniano. Nunca sei dizer se a resposta em ucraniano foi "numa boa" ou se carrega alguma crítica do tipo "Fale ucraniano". O fato é que quase toda pessoa de idade aqui em Odessa ainda fala russo. No mercado central, por exemplo, não há dúvidas, toda "*babushka*" (avó) por lá ainda fala russo, porém, na lojinha de cosméticos logo em frente, não se ouve outra coisa além de ucraniano.

Chego à conclusão de que tem a ver com a idade: a geração mais velha fala russo — idioma oficial do período da União Soviética —, enquanto a geração mais jovem, aqueles já nascidos após a independência da Ucrânia, em 1991, parecem ter mais facilidade e disposição em usar o idioma ucraniano em diferentes contextos (escola, trabalho, entre amigos etc.).

Dias atrás fui ao correio buscar uma encomenda. Chegando lá, ouvi os dois rapazes do atendimento conversando entre si, em russo. Quando ele se virou para me atender, prontamente falou em ucraniano. Achei aquilo no mínimo curioso. Existe então o idioma padrão de atendimento, mas na conversa privada eles falam outra língua? E, como eu não havia entendido a pergunta (em ucraniano), falei aquilo que repito com certa frequência por aqui "Desculpa, não entendi" (em russo), e com a mesma rapidez ele repetiu a pergunta em russo. Desta vez compreendi. Pronto, problema resolvido. Ele não fez cara feia, eu não achei ruim e retornei pra casa feliz com meus pacotes.

Já no consultório médico geralmente é assim: a recepcionista atende em ucraniano, mas quando você chega para fazer a consulta com o médico, a não ser que você inicie a conversa em ucraniano, é muito provável que o médico fale em russo, mesmo. Porém, se fizer exames, pode ter certeza de que o resultado vai vir em ucraniano. Isso tudo é uma bagunça para a cabeça de quem não está habituado nem letrado nos dois idiomas. Coisas da vida em um país bilíngue? Quase isso.

Em 2020, quando me mudei para cá, eu sabia que Odessa era uma cidade onde se falava majoritariamente russo, razão pela qual estudei o idioma. O idioma ucraniano, por sua vez, só aparecia na descrição dos produtos em mercados, nas universidades e em sites oficiais do governo. Isso não era um problema para os ucranianos, já que eles haviam aprendido os dois idiomas na escola. Porém, quando a guerra começou, aos poucos foram surgindo mudanças. Mais ucranianos passaram a falar o idioma ucraniano como forma de valorizar a cultura do país e de se posicionar politicamente. Simultaneamente, também surgiram leis que visam diminuir a presença do idioma russo e sua influência, alegando que o idioma pode aumentar a sensação de identidade com o país agressor e assim contribuir com o aumento de sentimentos separatistas entre a população.

Quatro meses após a invasão russa, foi adotada uma lei que proíbe a reprodução de músicas de artistas russos na mídia ucraniana e em espaços públicos. Com isso, na Deribasovskaya, rua turística onde atuavam os artistas de rua, sumiram aqueles que cantavam músicas russas. Hoje, quem canta em russo corre o sério risco de ser vaiado, filmado, exposto ao ridículo e ainda de ter que lidar com as possíveis consequências legais. Minha sogra, por exemplo, grande admiradora de Tchaikovski, compositor russo nascido em 1840, lamentou muito não poder mais assistir aos clássicos sendo tocados no Teatro de Ópera e Balé de Odessa.

Antes da guerra já existia uma lei que obrigava os estabelecimentos comerciais a fazerem suas publicações oficiais em ucraniano, como em sites, redes sociais e menus de restaurantes. Com a guerra, a fiscalização passou a ser mais intensa. Hoje existem até mesmo linhas para denunciar os estabelecimentos que quebram a regra. Odessa é uma das cidades que lideram o número de reclamações.

A Ucrânia tem, desde a constituição de 1996, o ucraniano como sua única língua-mãe, por isso, em tese, a Ucrânia não é um país "bilíngue". Só que, na prática, a maioria dos ucranianos aprende, ou em casa ou na escola, os dois idiomas; e fazem mais uso de um idioma ou de outro, dependendo da região onde vivem e do contexto em que se encontram.

Ao que me parece, ainda vai demorar algumas gerações até o idioma russo deixar de ser falado em Odessa, mas certamente a guerra deu um empurrão forte nessa direção. Eu não sou a favor das imposições, acredito que as pessoas deveriam ter a liberdade de falar, cantar e anunciar no idioma que bem entenderem (russo, inglês, chinês ou o que for). Ao mesmo tempo, entendo a situação e o quanto a Rússia pode usar o idioma como fator determinante de até onde se estende sua influência ou até mesmo o tamanho do seu território. Lembra de quando Putin disse que, entre seus objetivos, ele ia "defender os falantes do idioma russo" e invadiu a Ucrânia? Pois é, ele começou logo invadindo e destruindo essas áreas onde o idioma russo é mais falado. Não defendeu ninguém.

Enquanto isso, eu observo essas transformações ao meu redor e tento me adaptar conforme posso. Devido às leis protecionistas e à pressão por valorizar o idioma ucraniano, também não há mais escolas de russo em Odessa. Sumiram todas. E não é como se elas simplesmente passassem a oferecer cursos de ucraniano da noite para o dia; afinal, onde estão os turistas e estudantes estrangeiros que costumavam vir para cá antes da guerra? Os tutores existem, mas, sem os clientes de antes, o foco mudou. Agora, ou eles oferecem aulas online e particulares de ucraniano (ou quiçá de russo), ou se ocupam ensinando inglês para os ucranianos.

No meio disso tudo, me sinto dividida: não tenho mais vontade de aprender russo, mas este ainda é o idioma mais falado na cidade e com o qual consigo me comunicar com minha sogra e nos estabelecimentos que frequento. Por outro lado, como não temos a intenção de viver na Ucrânia a longo prazo, também me parece bobagem querer começar a estudar ucraniano agora, melhor seria se eu continuasse estudando russo; mas cadê a vontade?

SEM SAÍDA

Não pensei que chegaríamos a tal ponto. Há mais de seis meses ele só sai de casa para duas coisas: para comprar água e para dar uma volta no prédio. A volta no prédio é veloz; uma vez pela manhã e outra já pelo fim de tarde; a água da chaleira ainda está aquecendo quando ele retorna. Ele evita consultas médicas, o cabelo chegou à altura do ombro e ele teme até sair de casa para buscar um novo cartão do banco. A sensação de estar preso (não apenas no próprio país, como na própria casa, por medo de acabar mobilizado e morto na linha de frente) finalmente está mexendo com ele.

O recrutamento nas ruas é diário e lento, porém não é isento de reações calorosas ou violentas, principalmente quando ocorre em lugares públicos como mercados, ônibus e trólebus. Homens a caminho do trabalho, ou levando seus filhos para passear, ou voltando das compras são eventualmente abordados, quando a equipe de recrutadores cruza seu caminho.

As reações mais nervosas são das mulheres. Dias atrás, em um dos vídeos que circularam pela internet, uma mulher estava revoltada com a atitude hostil dos recrutadores. Ela, que perdeu seu filho em Bakhmut, expressava a dor e a angústia de ver mais homens sendo mobilizados para morrer em uma cidade distante. “Eu já enterrei meu filho, quantos homens mais precisam morrer? Vão vocês lá lutar”, dizia ela a um dos recrutadores.

Para facilitar o cadastramento de homens e sua mobilização para combate foi criada uma lei que obriga todos aqueles com idade entre dezoito e sessenta anos a se registrarem no escritório militar. Não estou certa do prazo que eles têm para fazer isso; alguns dizem que é de dois meses, outros dizem, inclusive, que a penalidade para aqueles que não comparecerem será o congelamento de suas contas bancárias.

Sergei não pretende se registrar e entende que não ter acesso à conta bancária será ainda pior do que apenas ter um cartão vencido. Ficar e não se registrar o tornará um criminoso às escondidas, enquanto aguarda o fim da guerra.

A questão como indivíduo é: "Como evitar a morte? E como evitar matar?". Me sinto cada vez mais convencida de que ir à guerra não é para qualquer pessoa, não importa o quanto você ame sua pátria, dê valor à sua cultura ou o quanto esteja certo de que o invasor que iniciou a agressão está errado. Ser forçado a matar, quando você não acredita que essa seja a melhor solução, não deixa de ser uma tortura quando lhe entregam uma arma na mão e dizem: "Agora vai cumprir sua obrigação". Vai ver por isso ouço, tão frequentemente, que mobilizar pessoas à força não gera os mesmos resultados do que entre aqueles que foram voluntariamente defender a pátria.

Ontem foram celebrados os dois anos de resistência ucraniana, marcando dois anos de guerra e muito sacrifício. Pouco ou quase nada foi conquistado de volta e a guerra parece longe de um fim, apesar de toda a ajuda militar e financeira que foi dada ao país. Aliás, neste exato momento, essa ajuda está enfraquecida pelas tensões políticas dos Estados Unidos em ano de eleição presidencial; e o próprio país vizinho, a Polônia, vem realizando o bloqueio de grãos vindos da Ucrânia por serem vendidos no mercado local a um custo mais baixo que o deles.

A verdade é que toda guerra atende a interesses próprios de seus agentes, seja dos agressores, do país agredido ou dos seus aliados. De qualquer maneira, uma coisa é certa: quanto mais a guerra dura, mais pessoas são mobilizadas contra sua vontade e mais filhos, esposos e irmãos têm suas vidas perdidas em combate. Até onde isso tudo vale a pena? Pra mim a resposta já não parece mais tão óbvia.

Mas nem todos os homens ucranianos precisam obrigatoriamente combater, há exceções. Uma delas diz respeito a homens que cuidam de suas esposas doentes ou incapacitadas, compreendendo que elas precisam de cuidados constantes ou estão enfraquecidas para trabalhar ou realizar outras atividades do dia a dia. Eu, com minha saúde debilitada ao longo do último ano, infelizmente pareço não me enquadrar facilmente em nenhuma das doenças listadas para fazer uso dessa exceção. Tenho duas pernas, dois braços, dois olhos, dois rins, me alimento e me banho sozinha. Vivo com dores e tenho outros problemas menores, alguns que vêm e vão. Bem que podia haver uma categoria que somasse as doenças como pontos, quem sabe assim eu me enquadraria?

Sei o que está em jogo ficando aqui na Ucrânia. O ataque que atingiu prédios logo do outro lado da rua serve como constante lembrança da fragilidade da vida. Quando vemos as cinco paredes que foram destruídas por um foguete, nos damos conta do quanto nenhum lugar deste apartamento serve realmente como proteção.

Essa é outra assombração que com razão existe na cabeça de Sergei: ou um dia ele acaba mobilizado e possivelmente morto, ou um míssil pode nos atingir. O que fazer? Fugir? Para onde? Quanto mais ele pensa nisso, mais vejo um trauma se formando em sua mente. O otimismo adoece a cada dia que passa.

Por desespero, e como última chance de resolver as coisas pra gente, entrei em contato com uma advogada militar. Expliquei meu caso, meus problemas de saúde e falei que, sem falar o idioma ucraniano e na dificuldade de encontrar médicos que falem inglês, eu ficaria bastante desamparada caso meu marido fosse mobilizado. É um tiro no escuro, eu sei, e ninguém da família do Sergei acredita que eu tenha qualquer chance, mas acho que, se meus apontamentos fossem mesmo tão estúpidos, a advogada seria a primeira a dizer isso.

Por sorte, meu caso não foi negado tão rapidamente. Ela o encaminhou a um especialista e informou que em breve alguém entrará em contato comigo. Há três dias ninguém responde e a ansiedade me come viva enquanto espero, mas tenho certeza de que preciso de uma resposta (mesmo que negativa), antes que Sergei cogite sair ilegalmente do país. Preciso fazer tudo o que for possível, nem que seja às custas da minha saúde. Não quero ele morto, nem preso, quero ele livre.

FORTE E SOZINHA

A primeira consulta com a ginecologista aqui na Ucrânia foi numa clínica bem recomendada. O nome já passa uma ideia da estrutura e do atendimento "Merlich Medical Boutique". Boutique! Quanto requinte!

Quando me deitei na salinha do ultrassom, com Sergei acompanhando o exame ao meu lado, me dei conta de quantas mulheres vivem ali o momento impressionante de verem, no telão logo à frente, a primeira imagem do seu filho ainda em formação. Seria perfeita a recordação: a sala mais que limpa, a temperatura superagradável, o leve cheiro adocicado de lavanda no ar, o som de passarinhos cantando (trilha oficial em toda a clínica), e com uma médica superatenciosa que, além de explicar tudo o que visse, também se alegrasse em vivenciar aquele momento com a gente como se a conquista fosse "nossa". Quase me emocionei quando pensei que um dia ela diria: "Está vendo aqui? Este é o embrião". Será que a vida poderia ser assim tão boa?

Há quase cinco anos eu e Sergei tentamos engravidar, mesmo nunca tendo encontrado o momento ideal. Se não era por um motivo, era por outro. No começo da nossa vida de casados meu pai ficou acamado com câncer, depois Sergei voltou à Ucrânia para buscar emprego, eu fiquei no Brasil para fazer o mestrado, depois veio a pandemia, depois nos mudamos para a Ucrânia, eu passei por uma cirurgia e agora o país está em guerra. Em algum momento começamos a tentar e anos mais tarde eu já estava totalmente angustiada pela falta de sucesso.

A ansiedade me pegou de jeito. Porém, meu ginecologista da época dizia que isso era normal, que às vezes acontece de um casal não conseguir engravidar mesmo sendo saudável e não havendo causa aparente para infertilidade. Nunca aceitei essa resposta. Ao meu ver, eu já vivia uma corrida contra o tempo biológico.

Nunca fui do tipo que sonhou em ser mãe, na verdade não imaginava nem mesmo que um dia iria me casar. Foi quando conheci Sergei que minhas opiniões e desejos foram mudando. Entendi que, com ele, sim, eu gostaria de entrar para a turminha dos pais que dão brinquedos inteligentes, que falam sobre as estrelas no céu, que fazem brincadeiras científicas em casa e que levam para as aulas de guitarra e natação. Aos meus 38 anos, eu e Sergei concordamos que o momento era "agora". Não daria para esperar a guerra acabar.

Ele, sendo o companheiro incrível que é, foi comigo em todas as consultas e esteve ao meu lado durante todos os exames; isso até o dia em que os riscos de ser mobilizado o fizeram não sair mais de casa, a não ser em casos de extrema necessidade.

A dra. Merlich desconfiava que eu sofria de um problema chamado "hiperplasia endometrial" — quando o endométrio está muito espesso e torna difícil a fixação de um embrião no útero — e por isso solicitou que eu fizesse um novo exame de ultrassom transvaginal no mês seguinte. Dois meses depois retornei à clínica, sozinha, e naquela manhã a avó do Sergei iria nos visitar. A médica que realizou o exame falava um pouco de inglês e eu, tensa, só imaginava que, na pior das hipóteses, ela confirmaria o diagnóstico da ginecologista.

Naquele dia, não senti o cheiro de lavanda no ar, os passarinhos não cantaram, e o telão me fazia sentir como se estivesse prestes a assistir um filme de suspense. Eu observava tudo com muita atenção quando ouvi ela dizer: "O endométrio está com espessura normal, medindo seis milímetros – e não vinte, como da última vez. E aqui está seu ovário direito, com um endometrioma medindo 23 por 25".

Endometrioma? Quer dizer, um cisto de endometriose no meu ovário? Rapidamente lembrei da associação que existe entre a doença e a dificuldade em engravidar. Aquilo me pegou de surpresa; eu estava pronta para a confirmação de um diagnóstico e me surgiu outro?! Onde estava esse cisto até novembro do ano passado? E por que raios do destino eu estava sozinha naquele dia?

Por um segundo a vida me pareceu amarga. Meses antes eu sonhava com a possibilidade de estar com Sergei, naquela mesma salinha, quando ela dissesse "Aqui está seu filho", e agora eu estava sozinha ouvindo que minhas chances de engravidar são mesmo reduzidas. Eu queria que meu companheiro estivesse comigo para eu dividir essa tristeza com ele.

Foi duro, mas quer saber? Não foi tão ruim quanto eu imaginava. Estar sozinha naquele momento exigiu que eu não perdesse o controle emocional e não entrasse numa espiral de lamentações diante da minha tendência ao pessimismo. Acabado o exame, eu precisava chamar um táxi, voltar pra casa e ainda ter que lidar com a visita da avó, que corria o risco de ser tão desagradável quanto o resultado da análise. Falar sobre o assunto com Sergei aconteceria só depois que a visita fosse embora.

Entre o preparo do almoço e as conversas fiadas jogadas fora, tive tempo para ajustar meu termômetro emocional e concluir: *Não era um problema, era outro. Era uma dificuldade, não uma impossibilidade. No final, é uma justificativa, isso basta.*

FUGITIVOS DE GUERRA

Existe um tom quase romântico nas histórias de imigrantes que "fugiram da guerra" para recomeçar a vida no Brasil. Quando ouço alguém narrar sobre a vinda dos "nonos", é comumente pincelado o quadro de um casal humilde e trabalhador: ele sapateiro, ela professora infantil, cada um com uma mala de couro quadrada, ao lado, e ela, com uma criança no colo. É como se, na fuga, ainda houvesse tempo para uma última foto em frente ao grande navio que vai cruzar o oceano Atlântico.

A fuga é romantizada; o medo de quem trocou a certeza da guerra pela incerteza de um recomeço — só com promessas de um pedaço de terra — é quase transformado num filme de aventura. Os descendentes se orgulham da bravura, ainda que reconheçam também a "sorte" que seus familiares tiveram.

Hoje, inserida num contexto de guerra, fica mais evidente pra mim que "fugir" não tem nada de romântico, é um ato desesperador. Fugir é o que você pensa em fazer quando teme demais pela sua própria vida e discorda do que pode ser forçado a fazer. Daqui, fugir não tem cheiro de recomeço; pelo contrário, é um investimento arriscado que pode, na pior das hipóteses, te levar mais próximo do fim ou da punição. É tudo ou nada. O governo não quer que você fuja e também não vai te dar o direito de sair, a não ser que você pertença a uma categoria muito especial de pessoas: aquelas velhas, doentes ou úteis para o próprio governo, entre alguns outros casos.

E quem são esses fugitivos? Seriam eles heróis ou desertores da pátria? É difícil, para mim, não comparar as histórias: o "nono" saiu em meio à guerra, deixou tudo o que conhecia para trás e foi plantar batatas num país onde ele nem sequer falava o idioma. Que diferença há entre ele e o ucraniano que fugiu e foi lavar pratos na França? E por que então, a depender dos laços com esses "fugitivos", a fuga é ora tida como uma atitude de bravura, ora como de covardia? Ninguém criticou os nonos por terem pensado na sua própria vida quando "fugiram da guerra"; pelo contrário, foram tidos como pessoas bravas e sensatas que se arriscaram pelo futuro da própria família. Vai ver a gente tende a valorizar a conduta de quem a gente ama quando os resultados nos beneficiam, e a julgar de forma insensível quando se trata da vida de outras pessoas.

E como fugir da guerra? Aqui, a fuga tem preço, e, além de custar caro no bolso, também pode custar os valores e os princípios que você tanto considerava imutáveis. Me parece, às vezes, que a sobrevivência é a benção de quem teve uma "moral flexível".

E não existe caminho fácil, rápido, seguro e muito menos barato. Quanto mais tempo dura a guerra, mais o cerco se fecha. No início da guerra, houve quem pagou propina para sair e pagou "pouco", cerca de 500 dólares. Hoje, por aqui, se ouve falar em 10 mil dólares (e sem garantias). Você dá dinheiro a um desconhecido; você não saberá seu nome, sua patente e depositará nele o seu futuro. Em troca, ele vai mexer no sistema, mudar seu passaporte, carimbar o que for preciso ou talvez emitir um certificado dizendo que você está inapto para o combate e, assim, você vai sair. Mas claro, também pode acontecer de você simplesmente perder seu dinheiro. E aí, a quem você vai reclamar? À polícia? Ao governo? À central de atendimento ao consumidor?

Pior, quem pagou não enriqueceu o Estado, enriqueceu (e enriquece) o bolso dos funcionários que, muito certamente, não irão lutar na linha frente e que vão, até o fim da guerra, permanecer como guardas de fronteira, ou médicos, ou advogados, entre outros, e posteriormente comprarão, para si próprios, alguns carros novos ou até mesmo mansões nos Cárpatos. O governo não se beneficiou de quem "molhou a mão" na saída e agora, precisando de mais corpos para a guerra, vem intensificando a mobilização e a fiscalização anticorrupção, buscando quem liberta fugitivos em troca de benefícios pessoais. Mas pagar diretamente ao governo, para que ele possa comprar armas e munição, não pode. Essa troca é ilegal, muitos dirão ainda "injusta", porque só quem tem condições poderá oferecer dinheiro em troca da liberdade. Mas qual o preço justo da liberdade?

Repetidas vezes procurei caminhos legais para fazer com que Sergei pudesse deixar o país, pois as leis frequentemente mudam, mas nunca a nosso favor. Dias atrás, resolvi conversar com um advogado especialista na questão militar. Apresentei a ele nosso caso: falei que Sergei tem visto permanente para viver no Brasil, que eu possuo empresa e plano de saúde no Brasil, que nunca planejamos viver mais que dois anos na Ucrânia, que minha mãe é aposentada e vive sozinha, sendo que antes nós vivíamos com ela. Ele foi claro: nada disso serve. A única chance, a pequeníssima luz no fim do túnel, seria se, com "muita sorte" ou "muita falta de saúde", eu conseguisse um atestado de invalidez devido aos meus reais problemas de saúde, que, apesar de reais, não são tão graves a ponto de facilmente me enquadrarem como alguém que precisa de cuidados constantes.

Tentaremos esse caminho; não por ele ser o caminho da bravura, do romantismo ou da aventura, mas porque essa é a única coisa que nos resta antes de considerarmos a ilegalidade.

O CLUBE DE CONVERSAÇÃO E OS ECOS DA GUERRA

Ultimamente, os melhores momentos da semana, os mais leves e descontraídos, têm sido os encontros no clube de conversação em inglês que acontecem no porão de um café aqui perto de casa. Os encontros se dão três vezes por semana e reúnem todo tipo de gente: vendedor de suplemento alimentar, psicóloga, professora, modelador 3D, programador, web designer, secretária de agência financeira, cantora de ópera, entre outras profissões; todos ucranianos, exceto eu, é claro.

Enquanto eu vou para conhecer pessoas, fazer novas amizades, rir ou me distrair, os demais vão para aperfeiçoar o idioma, visando melhores oportunidades de trabalho, ou por planejarem um dia viver em outro país; mas não tem problema, todo dia aprendemos algo juntos. Esses encontros são um tipo de curso e, ao mesmo tempo, funcionam como um refúgio diante do estresse da guerra, mas, ainda que estejamos interessados em "aprender" ou "conversar", o assunto da guerra surge, mesmo que na tangente das nossas interações.

O organizador do clube é o Vlad. Jovem poliglota, músico, cristão, professor de inglês e de mandarim, Vlad é animado, inquieto, curioso — talvez até destemido — e criou para si o que ele sentiu ser uma necessidade: um lugar agradável onde as pessoas pudessem de fato aprimorar a pronúncia e o vocabulário em inglês.

Nem todo clube é assim. Alguns anos atrás eu participei de um clube bem diferente. Aquele funcionava mais como um encontro entre estrangeiros; um espaço para networking, e não havia a figura de um professor. Era divertido, mas a gente não aprendia nada que não fosse por conta própria. Com a guerra, muitos estrangeiros foram embora e até aquele clube mudou. Os encontros ainda existem, mas também com maior presença de ucranianos.

Uma das coisas de que mais gosto no clube do Vlad é a forma como ele conduz os encontros. Certamente sua formação em filosofia, sua inquietude intelectual e alto astral são os ingredientes por trás das perguntas que ele lança pra gente na primeira hora do encontro. Do retroprojetor vêm as perguntas, que não são necessariamente simples nem rápidas de se responder: "O que é arte? Quem define o valor dela?", "Qual a diferença entre amor e desejo?", "Quais as características de um melhor amigo?".

Eu adoro o desafio de rever meus conceitos e aprender com o ponto de vista dos outros. Interações assim me fazem, inclusive, entender melhor a forma de pensar das pessoas daqui. Eu sei, aquele grupo seleto dificilmente pode representar o pensamento dos ucranianos em geral, mas já é um começo. Conecto suas respostas e vejo surgir à minha frente um quebra-cabeça que demonstra os valores e eventos marcantes de suas vidas privadas e até da vida política do seu país.

Já participei de pelo menos seis encontros e em nenhum momento as questões foram relacionadas à guerra, mas, como ela é assunto difícil de ignorar, ela sempre surge entre uma resposta e outra.

— Se você pudesse aprender outra habilidade, qual seria? — perguntou o Vlad.

— Defesa pessoal — responde uma.

— Aulas de tiro — responde a outra.

Não pude deixar de pensar se essas respostas seriam as mesmas caso não estivéssemos inseridos num contexto de sensação de insegurança. E, quando a questão foi "Você é a favor do porte de arma?", houve respostas distintas. Um disse que, se a sua casa fosse invadida por russos, ele gostaria de ter uma arma em mãos; já a outra respondeu com o exemplo de um vizinho, ex-combatente, que retornou da guerra perturbado e num momento de agitação apontou sua arma pessoal para os amigos ao redor. Muito se falou sobre o desejo de se sentir seguro, mas também sobre o desequilíbrio emocional, principalmente daqueles que já lutaram.

Até a pergunta inocente "Se você fosse aprender um novo idioma, qual seria?" gerou certa tensão no clube:

— Eu aprenderia mais ucraniano — disse um dos colegas.

Surpreso, o rapaz em frente perguntou:

— Por quê? Não é útil. Ucraniano só se fala aqui e em nenhum outro país. É melhor aprender mandarim ou espanhol.

A resposta parecia sensata, mas ignorava o fato de que muitos ucranianos de Odessa não se sentem tão habilidosos, ou não possuem tanta prática no idioma ucraniano quanto no idioma russo.

— Porque é a língua do meu país.

Nessa hora senti que o tom da conversa azedava e resolvi intervir, pois tenho visto o posicionamento linguístico entre falar russo (a língua do invasor) e falar ucraniano (língua oficial do país) como forma de esquentar o debate em torno da guerra e causando mais divisão entre as pessoas.

— Mas quem disse que aprender um idioma tem que ser para algo útil? Você pode muito bem aprender como um hobby — acrescentei.

Eu queria justificar que a utilidade de um idioma não era requisito para responder a pergunta inicial; as razões para aprender um novo idioma são várias. De qualquer forma, desde quando aprender a língua oficial do seu próprio país não é "útil"? Certamente é. E Vlad, que até hoje aprende outros idiomas, logo me ajudou a amenizar o tom da conversa, dizendo que é possível ser motivado a estudar um novo idioma simplesmente por gostar da sonoridade dele. Tem gente que aprende para se comunicar com a família de fora, viajar, trabalhar, estudar em outro país etc.

Ontem, porém, a última pergunta do encontro gerou risos amargos entre nós:

— Se pudesse ser do outro gênero por um dia, o que você faria?

Nós conversávamos em duplas. De um lado eu e Sofia, e do outro Nícolas e Daniel. Enquanto nós mulheres falávamos sobre o quanto "um dia" é pouco tempo para usufruir das vantagens de ser homem, a outra dupla respondeu a questão bem rapidamente. Sofia dizia que, sendo homem, ela desfrutaria melhor das chances de ocupar cargos de liderança com melhores salários, e mesmo de não menstruar, se pudesse escolher o dia em questão. Já eu dizia que, se fosse por mais que um dia, eu me atreveria a viajar sozinha de carona mundo afora, coisa que acho muito arriscado sendo mulher.

Os rapazes ao nosso lado estavam curiosos pela nossa resposta, e, não nego, nós pelas deles. Quando perguntei o que eles fariam se fossem mulher por um dia, a resposta veio quase em uníssono:

— Deixaríamos a Ucrânia.

Rimos, mas o que está por trás da resposta é algo triste. Os rapazes disseram que as mulheres não entendem o valor deste direito: ser livre e poder sair do país durante a guerra. Sim, nós mulheres estamos aqui e de certa forma corremos os mesmos riscos, pois, assim como eles, que não estão em combate, nós também estamos expostas às consequências de um ataque ou de uma explosão. Mas não dá para negar que nós mulheres também somos, neste momento, mais livres e podemos viver com um pouco mais de calma: não precisamos temer a mobilização — já que mulheres não são recrutadas à força — e é sim um conforto saber que, caso a situação piore, nós podemos deixar o país a qualquer instante.

SEGUNDOS DECISIVOS

Às vezes todo o seu futuro parece depender do que acontece numa fração de segundo. Foi assim que nos sentimos quando, na ida à clínica médica, o carro em que eu e Sergei estávamos foi parado numa blitz.

Tudo começou com o compromisso daquela tarde: Sergei precisava ir à clínica para fazer um exame médico. Eu me ofereci para acompanhá-lo, não só porque aquela era uma oportunidade única de sairmos juntos como também porque, caso ele fosse abordado por militares, eu poderia fingir que estava com muita dor e que precisávamos ir urgentemente ao médico. Não que eu não esteja sempre com uma dor aqui ou ali, mas eu certamente cometeria essa infração se isso pudesse ajudar a seguirmos viagem sem Sergei ser mobilizado. Então o acompanhei.

Antes de sairmos de casa, Sergei verificou pelo Telegram se havia informações sobre a localização de postos de bloqueio pela cidade. Nesses postos, os oficiais pedem para o motorista encostar o carro e solicitam o documento dos homens dentro do veículo. Logo mais à direita está o grupo de militares que verifica tudo e te libera com um "convite" para comparecer com data e horário marcado na comissão militar. É, digamos assim, a triagem da mobilização: você atualiza seus registros, é feito o exame médico para provar sua aptidão para o combate e, possivelmente, em alguns dias ou semanas, você é "mobilizado". Depois disso, a vida que você conhecia antes deixa de existir.

Sergei leu que, bem no trajeto que precisávamos fazer, havia um posto de bloqueio. Para evitar passarmos naquele local, ele acrescentou uma nova parada pelo aplicativo. Talvez fosse muito suspeito dizer ao taxista: "Por favor, não passe na rua X". O acréscimo de uma nova parada é prática comum, mas geralmente é feito quando outra pessoa vai descer ou entrar no carro antes de seguir viagem. A nossa rota ainda ia em direção à clínica, mas agora tinha uma curva, uma parada de mentirinha, próxima a um cinema que já não funciona mais. Talvez isso fosse o suficiente para nos desviar do posto.

No carro, eu estava, de certa forma, tranquila. Apesar de a minha ida ser estratégica, para a eventualidade de eu ter que "bancar a doente"; eu também estava muito curiosa em conhecer a clínica de fertilização. Essa clínica já havia sido recomendada por uma amiga e por duas ginecologistas com quem me consultei. Eu queria saber o que tinha de tão especial nesse lugar. Sergei, sentado ao meu lado, seguia o trajeto com o olhar dividido: pela janela ele olhava as ruas da cidade, relembrando há quanto tempo ele não saía de casa, e, em outros momentos, fixava o olhar no celular, verificando qual trajeto o taxista fazia.

Em algum momento, ele me disse: "O taxista não está fazendo o caminho que eu pensei que ele ia fazer; ele mudou a rota e vai passar bem em frente ao bloqueio". Agora era tarde, não havia o que fazer. Eu ainda pensei: *Quais as chances de sermos parados no bloqueio?! Certamente estarão ocupados com outros motoristas. Não é como se eles fossem formar uma fila de carros e verificar todo mundo.*

A verdade é que, bem naquele horário, não havia tantos carros assim na rua, e, embora eu quisesse manter um certo otimismo, algo me dizia: *Não seria um azar danado se, depois de tanto tempo sem sair de casa, no único dia em que Sergei precisa sair para fazer o exame, ele acabasse sendo parado por militares?* Pois bem, eu mal havia concluído o pensamento quando, de fato, o carro do nosso taxista foi parado por um oficial. Surreal! O oficial se aproximou do taxista, com uma lanterna na mão, apesar da luz do dia, e perguntou:

— Tem passageiro?

— Sim — respondeu o motorista.

O oficial se agachou um pouco, como que espiando dentro do carro para ver os passageiros, e, em algum momento, seu olhar deparou com o meu de curiosa.

— É jovem? — perguntou o oficial, se referindo à idade do passageiro do sexo masculino.

Naquele segundo eu sabia que a resposta definiria tudo. Se Sergei tivesse que descer do carro e mostrar seus documentos, ele certamente acabaria mobilizado e todo o futuro que pensamos para nossa vida seria alterado. Não haveria o menor sentido em irmos à clínica de fertilização, não haveria mais fonte de renda do seu trabalho atual, não faria sentido eu estar aqui e, pior, que futuro o destino reservaria ao Sergei? Vivo, porém ferido e traumatizado? Morto?

— É jovem — respondeu o taxista, sem hesitação nenhuma.

O oficial não insistiu e logo fez sinal para seguirmos adiante. Foi tudo tão rápido que não tive tempo nem para fazer cena e bancar a doente. Que alívio! Será que aquele taxista tem noção do quanto ele nos ajudou? Será que era o caso de dizer "Obrigado"? Não consigo nem imaginar como Sergei tenha se sentido com o ocorrido. Por sorte, tanto eu quanto Sergei aparentamos sermos mais jovens do que realmente somos. Quem o vê facilmente pensa que ele ainda está na faculdade; garotão. Sorte a nossa! Mas era mais sorte dele do que minha. E, para evitar um novo encontro, fizemos o trajeto de volta da clínica por uma rota ainda mais distante do posto de bloqueio. Respiramos aliviados em casa.

Quando comentei sobre esse ocorrido com minha sogra, notei uma mudança na sua forma de ver toda a situação. Antes ela tinha essa visão de que Sergei "teme demais" e que os riscos não são assim tão grandes. Sempre que andávamos juntas pela cidade, ela apontava pra mim: “Vê quantos homens estão andando nas ruas? E você não vê recrutadores em todo canto”. Eu compreendo; alguns homens não temem, ou talvez não tenham escolha a não ser sair para trabalhar, fazer compras, encontrar a família, namorada, levar crianças à escola. Mas também é verdade que, a não ser que eles tenham uma dispensa militar, eles podem ser recrutados.

Quando entendeu que por pouco Sergei não acabou “na lista”, ela ficou mais temerosa sobre as saídas dele e passou a dar um pouco mais de razão à sua reclusão. Acho que raras são as mães que ficam felizes quando seus filhos precisam ir à guerra. Yulia entendeu isso. Entendeu tão bem que até se ofereceu para me acompanhar nas consultas seguintes na clínica de fertilização.

Enfim, sorte, destino ou o que quer que seja; o importante é que o susto foi grande, mas passou.

O JOGO DA VIDA

Há pelo menos cinco anos, eu e Sergei tentamos nos tornar pais, sem sucesso. Não houve perdas no caminho, simplesmente não houve nada. E, com todos os exames bons, talvez a gente só não tivesse "sorte" — já que a ciência não explica tudo.

Com o passar dos anos, alguns problemas se tornaram aparentes e inevitáveis: guerra, cirurgia, endometriose. No jogo da vida, o tempo e o contexto já não estavam mais a nosso favor. O que fazer? Foi preciso parar e reavaliar cada peça do nosso tabuleiro. Aonde queremos chegar? E de que jeito? Cada turno, cada movimento, deveria ser preciso. Um passo à frente, sem volta.

Falando em volta, daqui a três meses, em julho de 2024, eu devo retornar ao Brasil. Esse fator influencia o planejamento de tudo. Por quanto tempo? Não sei, seis meses, um ano, talvez mais. O fato é que, após o diagnóstico de endometriose, determinei que, ao retornar ao Brasil, eu voltaria a fazer uso da pílula anticoncepcional para tratar a doença. Essa certeza eu tinha. A doença em si não tem cura, mas é tratável, e o uso de hormônios pode diminuir os sintomas. Essa escolha, porém, significaria abrir mão de qualquer chance de engravidar no futuro. Ou você toma hormônios, ou você engravida. Não dá para fazer as duas coisas ao mesmo tempo.

Foi nesse momento que Sergei e eu voltamos a discutir a possibilidade de, no futuro — quando não houver mais guerra —, contratarmos uma barriga de aluguel aqui na Ucrânia. A barriga seria do futuro, mas, se eu for voltar às pílulas, o embrião tem que ser agora.

Na Ucrânia se diz "barriga de aluguel" porque as mulheres recebem dinheiro para isso, ou seja, o serviço é autorizado por lei. No Brasil, o termo adequado é "barriga solidária", pois é proibida a prática em troca de benefícios financeiros e a mãe solidária deve ter até o quarto grau de parentesco com um dos pais, o que inviabiliza o procedimento para mim e Sergei, que temos poucos parentes. Já era março quando a ginecologista nos disse que, diante do meu diagnóstico, seria melhor se conversássemos com um médico reprodutólogo em uma das clínicas de fertilização mais renomadas de Odessa: a Nadia.

Fomos lá, até então, interessados em saber se eles congelam embriões e se trabalham com barrigas de aluguel. Eu mal podia imaginar o quanto essa visita mudaria meus últimos meses aqui na Ucrânia. Onde estávamos nos metendo?

A primeira visita à clínica foi como uma ida a uma agência de viagens. O reprodutólogo apresentou os diferentes "pacotes" de serviços: o básico, que visa ao congelamento de embriões, e o completo, que termina com a inseminação de um embrião. Alguns serviços são opcionais, como a análise genética para determinar o sexo e a qualidade dos embriões e o prazo em que se pode congelar os pequenos: "Pelo período que vocês quiserem" — cliente feliz é o melhor boca a boca que a clínica pode desejar. Eles oferecem o que a gente precisa! Podemos dar um passo à frente.

Nosso grande dilema era entender se teríamos tempo para tudo, considerando que eu ainda precisava passar por outras consultas médicas e fazer mais alguns exames antes de iniciar o tratamento hormonal. Confesso, abrir essa portinha da maternidade mexeu comigo. Voltei a imaginar nossa casa do futuro com um quarto de bebê. E, embora a gente não saiba quando a guerra acaba, ter o embrião congelado facilitaria bastante as coisas para daqui uns anos. A gente precisava do pacote simples, eu sei.

Contudo, a primeira questão a considerar era que, na Nadia, eles até inseminam outra mulher a pedido do casal, mas apenas se houver um parecer médico explicando os motivos pelos quais a mulher do casal não pode ser a gestante. E por qual motivo não poderia ser eu? Será que a "carta da endometriose" é boa o suficiente ou vou cair com um médico que vai me dizer: "Volte dois passos, pare de tomar pílulas e tente novamente"? Já não tenho mais certeza de que contratar uma barriga de aluguel é tão simples assim.

O médico da clínica de fertilização é um excelente vendedor, fez tudo parecer tão simples, tão possível, que voltei pra casa pensando no pacote completo — congelar e inseminar, em mim, agora. Imaginar a possibilidade de engravidar causou uma ebulição de pensamentos: *Se eu tiver que gerar: é agora, não temos tempo nenhum a perder. Esta é minha última chance. Depois disso, só na barriga de outra mulher; além do "rim" que a gente vai ter que gastar para pagar pelo serviço. Será que não é hora de eu encarar esse desafio e pelo menos tentar?*

Pensei isso tudo quietinha, sem entusiasmo aparente, pois sabia que Sergei me lembraria as razões de eu não estar pronta para gerar um bebê. Sergei também quer ser pai, mas, diferente de mim, sua abordagem é menos emocional. Para ele, o pacote simples poderia sair mais caro (somando o custo da barriga de aluguel), mas preservaria minha saúde, meu bem-estar e nos daria tempo para navegar pelo tempo incerto da guerra. Sensato, eu sei. E mais: o que significaria nos tornarmos pais agora, com o país em guerra? A gente tinha que pensar sobre isso.

Os dias foram passando e eu me ocupava com mais consultas e exames. Certa noite, porém, talvez me vendo flertar com a ideia de ser mãe, ele me perguntou: "Você quer fazer a inseminação em você?". Eu juro que tentei me conter quando disse meu "Sim" sem grande empolgação, mas ele viu algo que eu não pude disfarçar. Eu havia sido fisgada pela ideia de que talvez aquela fosse a última chamada para realizar um sonho.

Sergei foi mais prático. Ele reforçou que a maternidade vai exigir muito de mim, física e psicologicamente, e que eu preciso mudar minha forma de viver. Preciso ser mais calma, preciso entender que não vou mais tomar remédios para tudo e qualquer coisa. Muita meditação, muita mesmo. "A gente podia pelo menos tentar; se não der certo, a gente ainda tem a opção de contratar uma barriga de aluguel no futuro", este era meu melhor argumento.

Naquela noite não chegamos a conclusão nenhuma. Eu pensei que talvez com um pouco mais de tempo Sergei entendesse o significado disso tudo pra mim. Porém, passados alguns dias, tudo mudou. E quem foi da água para o vinho fui eu. A clareza sobre o momento do "agora" se foi, e o medo fermentou em mim. Fiquei pensando no quanto essa decisão impactaria a minha vida, a do Sergei e a de uma nova criança.

Sim, quero ser mãe, mas não assim. Não quero ter o neném aqui, em um país em guerra, distante da minha própria mãe, onde tenho absoluto apoio. Outra: no Brasil, pelo menos, eu falo o mesmo idioma. Também não quero passar por toda a experiência sozinha, sem meu parceiro ao meu lado, ainda mais enquanto ele permanece aqui, correndo o risco de ser recrutado. E, mesmo que ele compreendesse e aceitasse que eu tivesse o bebê no Brasil, a minha decisão de ser mãe "agora" implicaria ele não ser o pai completo que poderia ser.

E o que farei depois? Trarei uma criança para viver os temores de alarmes e explosões ou algo pior? Não, não é certo. Criarei o filho sozinha talvez por anos até a guerra acabar, sem o pai por perto? Não, não é certo. Me senti egoísta querendo ser mãe agora, mas quando é o melhor momento? Quando eu for mais velha? Quando for mais caro? E o que fazer com a endometriose?

De repente, a fertilização in vitro me pareceu um processo muito mais fácil do que a decisão que eu tinha a tomar. Ao perceber que nenhum caminho parecia certo, eu congelei. Duvidei. Sergei devia estar certo. A gente precisava do plano básico.

Conversamos. Eu achei que ele ficaria satisfeito com minha desistência, mas a reação foi oposta ao que eu imaginava. Compreendi que, após meu "sim" de olhos brilhantes, Sergei entendeu que era hora de realizar meu sonho, mesmo que ele precisasse estar ausente durante parte do processo.

Foi a conversa mais dolorosa que tivemos este ano. Ele queria entender de onde havia surgido esse sentimento: "Por que você tem tanto medo de que possa dar certo?". Tentei explicar de várias formas e, sem querer, me dei conta de que não era "medo", era "culpa". Se eu optasse por engravidar, eu me sentiria culpada por tudo o que privaria Sergei de viver. Não quero carregar a culpa de ele ser um pai menos presente só porque "eu" decidi ter o filho no Brasil. E não quero carregar a culpa de privar um filho da companhia do pai ou de, talvez, fazê-lo nascer em um país em guerra. Eu estava botando em mim o peso de todas as consequências.

E, quando eu achava que nossa conversa não resolveria nem o medo nem a culpa, ouvi um pensamento ecoar: *Paula, você já parou para pensar que, se vocês tivessem engravidado naturalmente, nada disso seria um problema? Vocês apenas celebrariam e encarariam da forma como fosse preciso.* Aquilo fez todo o sentido. Todas as consequências ainda seriam as mesmas, mas eu teria celebrado sem culpa nenhuma. Tenho certeza disso. Estávamos chegando a algum lugar.

Sergei compreende tudo e encara com muito mais facilidade as decisões que, pra mim, vêm quase sempre com um alto custo emocional. Ele não se deixa doer pelos contextos que não pudemos criar para nós mesmos. Nenhum de nós pensou que poderia ser assim, que precisaríamos recorrer a métodos artificiais para ter um filho, que faríamos isso durante a guerra e que poderíamos estar distantes um do outro durante o nascimento do nosso filho. Mas ele joga com as peças que tem à disposição e quer usar o tempo do agora.

Concordamos em pelo menos tentar. “Para nós o pacote completo, por favor.”

O QUE AINDA ESTÁ POR VIR...

Dez anos atrás, em 2014, estive na Ucrânia pela primeira vez. Depois de meses de relacionamento on-line, eu finalmente vim conhecer, em pele e osso, a pessoa em quem depositei todas as minhas esperanças, confiei todos os meus segredos e com quem fiz planos de construir uma vida baseada no amor, no respeito e no companheirismo.

Quando penso na minha jornada com o medo, não consigo nem compreender onde eu estava com a cabeça quando resolvi encarar essa viagem. Sergei poderia ter ido ao Brasil, mas eu queria, e precisava, me desprender do contexto que me fazia sentir tão insignificante, incapaz. Estar apaixonada foi a grande motivação para eu encontrar o amor. Certamente, aquela viagem foi um ato de ousadia que compensou.

Hoje, pensando em retrospecto, concluo que viajar sozinha, para o lugar mais distante possível, onde as pessoas falam outro idioma e onde não se conhece mais ninguém, pode ser uma experiência transformadora. Escolher intencionalmente enfrentar as inseguranças é essencial para se descobrir forte, aprender e ganhar confiança na sua forma de resolver problemas. Eu tenho certeza de que, mesmo que minha paixão não passasse de uma ilusão, eu teria voltado pra casa acreditando mais em mim. E já teria sido especial se a Ucrânia ficasse na minha memória como o lugar onde conheci o amor da minha vida, mas nunca imaginei as tantas outras aventuras, experiências e desafios que eu teria por aqui.

Sou encantada pela cidade de Odessa, principalmente no verão. Com suas calçadas largas, ruas arborizadas, arquitetura rica em detalhes e arte para todos os lados, lembro claramente de me sentir em um cenário de filme quando estive aqui pela primeira vez. Até os prédios que carecem de manutenção carregam um charme, uma poesia do seu estilo de ser. O cheiro de água salgada às vezes te encontra enquanto você sai de um café e te convida para ir à praia, só para ver o mar. É diferente, é tranquilo, transmite paz. E com o tempo você vai descobrindo outra parte essencial de toda cidade: as pessoas.

Os anos que vivi aqui não teriam sido o que foram se não fosse pelas pessoas queridas que conheci. Todas elas fizeram parte de momentos muito importantes e felizes. Elas trouxeram significado e me geraram uma sensação de pertencimento nesta terra tão distante. Gratidão especial à minha amiga Danny, do México, com quem eu aprendi a me locomover pela cidade, que me apresentou diversos pontos turísticos e com quem fiz minha primeira patinação no gelo! Foi muito divertido! E agradeço à minha amiga Letícia, que me acompanhou no meu primeiro ensaio fotográfico e com quem sempre matei a vontade de ir ao shopping.

E há também as pessoas especiais daqui, algumas das quais se tornaram minhas amigas. Obrigada, Ksu, minha professora de cerâmica, e Liza, minha professora de russo. E não são menos valiosas as conversas ocasionais que simplesmente tornam o dia de qualquer pessoa mais leve e agradável, como a moça do caixa que sempre me faz me sentir bem-vinda, a vendedora do mercado que se interessa em saber mais sobre o Brasil e o taxista que se lembra do meu nome. Essas interações fazem a gente se sentir bem, neste ninho distante de casa. Em algum momento você sente que já tem dois lares.

Viver na Ucrânia era pra ter sido o meu ano sabático. Eu tinha minhas questões pessoais a resolver, mas achamos a experiência tão boa que um ano virou dois. E, embora a gente tivesse planos de retornar ao Brasil em 2022, quando a guerra começou, simplesmente não pudemos sair.

O que aconteceu após a invasão russa foi uma completa transformação das nossas experiências de vida. Lá fora muita coisa mudou: o toque de recolher foi implantado, muitos comércios fecharam e milhões de pessoas deixaram o país — inclusive as amizades que fiz por aqui. Ocasionalmente a cidade sofre ataques de drones e mísseis, deixando mortos e feridos, e por vezes parece que só a sorte nos mantém vivos.

Não sei se algo vai apagar da memória tudo o que já vimos, como o porto sendo atingido, ou um antigo hotel da cidade em chamas, ou os estilhaços de vidro que caíram sobre nossa cama quando um míssil atingiu um prédio logo do outro lado da rua. Meus medos já não são mais apenas fruto da minha imaginação ou insegurança; agora eles têm razão em existir. Sim, a ansiedade às vezes sai do controle.

Daqui a três meses eu volto ao Brasil para ficar um ano ou, talvez, para ficar de vez. Não há como saber. Ainda haverá guerra? A fertilização in vitro vai funcionar? A vida mais uma vez exige que a gente explore diferentes possibilidades e que encontremos paz na completa incerteza do que pode acontecer no futuro. Será que essa é a lição que vou *carregar* comigo? Não sei. Às vezes creio que as lições da vida não duram necessariamente pra sempre; em alguns momentos, a vida nos reforça o aprendizado.

Certamente esses quase quatro anos de idas e voltas à Ucrânia foram muito significativos, mas talvez eu tenha aprendido mais sobre mim mesma do que sobre o próprio país. A guerra me fez sentir temores que eu nunca imaginei antes, e, ainda assim, diante de tudo, me vejo mais forte do que sequer poderia imaginar. Chorei quando acreditei que era o fim, parei de chorar quando entendi que precisava ser forte para permanecer com meu parceiro, tomei decisões que não alegraram a todos, desabafei inúmeras vezes, perdi a fé ao ver a falta de posicionamento dos outros, reconheci meu próprio silêncio, perdi o sono, perdi a saúde, mudei de opinião, vi o perigo de cultivar o ódio e ruminei muitos pensamentos que não me ajudaram em nada.

Não sobrevivi até aqui sozinha, isso é fato. Nesse período conturbado, passei a dar ainda mais valor à amizade, à vida e ao amor. Serei sempre grata pelo carinho e força recebidos dos amigos e pelas inúmeras horas em que meu terapeuta me ouviu e me mostrou caminhos para enfrentar tudo isso. *Obrigada! Mãe, logo estarei de volta. E, amor, que nos vejamos em breve.*

Era pra ser um ano sabático e nos vimos no meio de uma guerra...

Mas quer saber? Estar e viver na Ucrânia valeu a pena mesmo assim.

Que tenhamos paz.

FONTE Mr Eaves, TrashHand
PAPEL Pólen Natural 80 g/m²
IMPRESSÃO Paym

FSC
www.fsc.org
MISTO
Papel produzido a partir de fontes responsáveis
FSC® C133282